PAULA KOMMT

DAS EHRLICHSTE SEX-BUCH DER WELT!

Paula Lambert

PAULA LAMBERT

paula
KO♥MT

DAS EHRLICHSTE SEX-BUCH DER WELT!

WAS DU SCHON IMMER ÜBER SEX WISSEN WOLLTEST ...

1. Die Basics – gut zu wissen!

*Wissenswertes fürs erste Date und für die Trennung –
und für alles, was dazwischenliegt*

2. Sextechniken – wie geht was?

*Gut gewappnet mit Praxiswissen zu lustvollem Küssen,
Squirten, Blowjob und mehr*

3. Normal? Normal! – Was ist schon normal?

Alles über Fetische, Fantasien, Feministen & Co.

... ABER NIE ZU FRAGEN GEWAGT HAST.

WAS DU SCHON IMMER ÜBER SEX WISSEN WOLLTEST ...

In diesem Buch beantworte ich die häufigsten Fragen, die mir in meiner Sendung „Paula kommt" oder über Social Media gestellt werden. Manche davon sind grundsätzlich, wie zum Beispiel wie guter Sex geht, andere sind solche, über die meine Oma gesagt hätte: „Kurios, kurios. Dass ich das noch erleben darf." Ich freue mich, wenn du Vergnügen bei der Lektüre hast. Fast noch ein bisschen mehr freue ich mich, wenn ich die eine oder andere deiner Fragen beantworten kann. Eine der allerhäufigsten Fragen, die mir gestellt werden, ist:

Wie bist du eigentlich Sex-Expertin geworden?

Sehr gute Frage. Ich habe einmal gelesen, dass ein Experte jemand ist, der auf einem bestimmten Gebiet alle erdenklichen Fehler gemacht hat. Das erscheint mir logisch. Und so viele Fehler, wie ich gemacht habe – Mann, ich bin eine Superexpertin! Nehmen wir zum Beispiel mein erstes Mal. Erbärmlich. Allein schon das Timing. Ich hatte mir fest vorgenommen, in diesem Jahr nicht wie die Heilige Maria als Jungfrau Heiligabend zu verbringen. Während sich also alle Welt über den Fall der Berliner Mauer unterhielt, dachte ich daran, wie ich meinen Freund dazu bringen konnte, mir die Kirsche zu pflücken. Es war der 23. Dezember 1989. Ich war 15 Jahre alt und sah aus wie eine Idiotin, weil ich wirklich überhaupt keinen Geschmack hatte. Insofern war ich ein ganz normaler Teenager. Mein langes, vollkommen gerades Haar hatte ich mit schwarzem Henna gefärbt, um verwegen zu wirken. Statt Verwegenheit bekam ich allerdings nur einen üblen Blaustich auf dem Haupt, der sich mit meiner blässlichen Gesichtsfarbe biss. Zusätzlich hatte ich mir eine unerklärliche Tolle an der Stirn gebaut, die so sehr mit Haarlack festbetoniert war, dass ich damit sogar schlafen konnte. Das war aber nicht das Schlimmste. Um die Festlichkeit des Augenblicks zu unterstreichen (und weil schließlich Weihnachten war), hatte ich meinen grünen Pulli mit den Goldfäden angezogen, der nicht mal ironisch gemeint irgendwie gut ausgesehen hätte. Zumal ich keine Ahnung hatte, was Ironie bedeutete. Du wirst nun sagen: „Pah, die Optik spielt doch keine Rolle, wenn man verliebt ist!" Tja, mag schon sein. Ich hatte aber keine Ahnung, ob er in mich verliebt war. Das lag vielleicht daran, dass ich ihn nie gefragt hatte, weil Reden damals nicht zu meinen Stärken gehörte. Zu allem Überfluss hatte ich auch vermieden, ihn überhaupt über meinen Entjungferungsplan in Kenntnis zu setzen. Dabei ist Kommunikation, das weiß ich heute, ein wichtiger Bestandteil einer auf gegenseitigem Vertrauen basierenden Beziehung.

Im Nachhinein betrachtet, hatten wir auch nicht viel gemeinsam. Er besaß einen Führerschein und blaue Augen, sonst erinnere ich mich an kein entscheidendes Merkmal. Aber Liebe ist nicht rational, sondern gefräßig, und sie nimmt sich, was sie will. In den sechs Wochen, die wir zusammen waren, sprachen wir nicht viel. Wenn ich nicht damit beschäftigt war, ihn anzuglotzen, knutschten wir, und wenn wir nicht knutschten, standen wir cool in der Gegend rum, weil es sonst nicht viel zu tun gab. Ich wusste nur, dass ich nie wieder mit einem anderen Mann zusammen sein würde, denn er war der eine für mich. Da wir nicht viel miteinander sprachen und ich Entscheidungen eh gern alleine traf, hatte ich eben auch meine Entjungferung einsam geplant und idiotensicher durchgetaktet. Er würde um 17 Uhr ankommen, dann würden wir etwas von der Limo trinken, die ich extra besorgt hatte, und leichte Konversation machen, bei der ich wie zufällig einstreuen würde, dass es heute Sex geben würde. In etwa so: „Möchtest du ein Glas Limo vor dem Duweißtschon?" „Klar, warum nicht?" Schluck, schluck. Gekicher. Raschel, raschel.

Anschließend würden wir knutschen und, tja, ab da musste ich mich in seine Hände geben, denn ich hatte keine Ahnung, wie man Leute entjungfert. Ein weiteres Problem war die Musik. Von meinem Kumpel Sten wusste ich, dass Musik beim Sex elementar wichtig war, „sonst kommt man nicht in Stimmung". Das machte absolut Sinn für mich, denn nichts war peinlicher als die Geräuschkulisse, die beim Knutschen und Petting entstand. Und ja, wir nannten es wirklich „Petting" – oder kichernd „fummeln".

Unser Musikgeschmack deckte sich nicht zu 100 Prozent. Er mochte Slime und die Butthole Surfers, ich war etwas poplastiger mit Tendenz zu romantischer Musik. In meinem Versuch, die größtmögliche Schnittmenge zu erreichen, hatte ich mich für Simply Red und das Album „A New Flame" entschieden. Im Nachhinein hätte ich vielleicht doch etwas andres aussuchen sollen, New Model Army zum Beispiel oder wenigstens Anne Clark. Wobei „If You Don't Know Me By Now" thematisch gut passte, denn wir machten sofort danach Schluss. Leider besaß ich die mieseste Stereoanlage der Welt von einer Firma namens „elite", ein Name, der die mangelhafte Qualität des Produkts unnötig zynisch unterstrich. Diese Kompaktanlage aus Vollplastik hatte zwar zwei Tapedecks und einen grausig knarzenden Plattenspieler, aber keine dieser modernen Funktionen, bei denen das Tape dann einfach auf der anderen Seite weiterläuft. Ich war also eine Jungfrau mit Zeitdruck. Wie es aussah, hatte ich zwei Möglichkeiten. Entweder wir würden sofort zur Sache kommen. Das würde mir ein Zeitfenster von ungefähr 18 bis 20 Minuten von Hallo bis Geschlechtsverkehr geben, was mir angesichts der Bedeutsamkeit des Vorhabens doch etwas knapp vorkam. Oder aber wir würden herummachen, bis die Kassette zu Ende wäre, und dann müsste ich den langen, vermutlich nackten Gang vom Bett zur Anlage und zurück machen, was vollkommen ausgeschlossen schien. In meiner Not entschied ich mich dann für eine echt behämmerte Zwischenlösung, bei der ich bestimmt drei- oder viermal bei dem jeweils vorletzten Lied aufstand, etwas von „schönes Lied, mach ich noch mal" murmelte, den Weihnachtspullover herunterzog und ewig am Tapedeck stand, das in Zeitlupe das Band zurückspulte. Und jedes Mal, wenn ich zum Bett zurückkehrte, wurde ich knallrot. Ich schlug mir also die Hände vors Gesicht und tat so, als hätte ich einen ominösen Spontanausschlag bekommen, der auch erklärte, warum ich rötlich war, sobald die Hände wieder wegmussten, damit ich nicht vollkommen übergeschnappt wirkte. Im Nachhinein ist es wirklich erstaunlich, dass es überhaupt geklappt hat. Wenn du mal jemanden brauchst, der aus einem romantischen Stelldichein binnen kürzester Zeit eine total verkrampfte Atmosphäre zaubert – frag mich, ich weiß, wie es geht.

Als es dann endlich so weit war („Bist du sicher?" – „Ja, absolut." Zwei Sätze, yeah!), piekste es kurz, er bewegte sich ein paarmal hin und her, und dann war es auch schon vorbei. Er schlief sofort ein, während ich noch kichernd vor Aufregung auf der Matratze saß und mich wunderte, dass um so ein kurzes Dings so viel Trara gemacht wurde.

Ich weiß nicht, wie es dir ergangen ist oder noch ergeht, aber für mich war der Weg zu vernünftigem Sex voller frustrierender, aber auch erinnerungswürdiger Erlebnisse. Zumindest die ersten Jahre. Ich finde das insofern ärgerlich, als dass man die meisten Fertigkeiten, die man zum Leben braucht, in kürzester Zeit lernt. Nimm Atmen zum Beispiel, das haben die meisten sofort drauf. Oder Stuhlgang. Sogar laufen lernen dauert nicht mehr als ein paar Monate. Aber willst du Sex so richtig lernen, dann herzlich willkommen im Bootcamp! Dass man die Geschlechtsteile ineinanderstecken kann, hatte ich schnell raus. Aber die ganzen Gespräche drum herum, das ganze Herzrasen und die ganzen Gefühle, die man dadurch bekommt, das erzählt einem kein Schwein. Vielleicht bin ich deshalb Sex-Expertin geworden. Ich konnte nämlich nichts von alledem. In Sachen Sex war ich wirklich eine absolute Niete.

DIE BASICS – GUT ZU WISSEN!

Wissenswertes fürs erste Date und für die Trennung – und für alles, was dazwischenliegt

LIEBE PAULA, ICH VERSUCHE SEIT JAHREN, ERFOLGREICH EINE FRAU ANZUSPRECHEN. ABER MIR FÄLLT NIE EIN COOLER ANMACHSPRUCH EIN. HILFE!

Mein Lieber, das könnte natürlich daran liegen, dass Anmach-sprüche grundsätzlich wirklich blöd sind. Eine rasche Umfrage im Freundeskreis hat folgende Schmuckstücke zutage geför-dert. Mal sehen, ob sie was taugen:

- Ich sehe vielleicht aus wie ein Ewok, aber da wo es zählt, bin ich gebaut wie ein Wookie.
- Ist dein Name Wi-Fi? Weil ich nämlich jetzt schon eine Con-nection spüre.
- Ist dein Name Google? Weil du alles hast, wonach ich jemals gesucht habe.
- Wo ist der Gefällt-mir-Button für dieses Lächeln?
- Ich würde dich ja fragen, ob du häufiger hierherkommst, aber ich stalke dich schon auf Instagram.
- Du bist so heiß, dass meine Proteine bei deinem Anblick denaturieren.
- Mein Personal Trainer hat mir befohlen, hier rüberzukommen und fünf Minuten mit dir zu reden.
- Ich halte länger durch als Boromir.
- Baby, deine Augen sind blauer als Heisenbergs Crystal.

Bevor du so etwas sagst, schweig lieber.

LIEBE PAULA, IST KNUTSCHEN
WIRKLICH SO WICHTIG?

In früheren Interviews habe ich häufig gesagt, dass ich glaube, dass gute Küsser meist auch bessere Liebhaber sind, und auch wenn ich keine statistische Erhebung dazu angestellt habe, glaube ich immer noch, dass es stimmt. Ich werde sehr oft gefragt, ob ich Küssen für wichtig halte, und jedes Mal will ich rufen: „Ja, um Himmels willen, was könnte denn wichtiger sein?" – Knutschen ist für mich ein elementares Bonding-Element und ein idealer Weg, die Schlechten ins Töpfen und die Guten ins Kröpfchen zu stecken. Man muss nur einfach auf den Bauch hören.

Als ich ins Kussgeschäft einstieg, war ich 13 und hoffnungslos verliebt in einen 15-Jährigen, der mir, so oft er konnte, das Gefühl gab, ich sei ein kleines Kind und er schon ein richtiger Kerl.

Wir knutschten etwa ein Jahr lang miteinander, und zwar ausschließlich im Dunkeln (in den Ferien oder an Feiertagen), tagsüber hingegen taten wir so, als würden wir uns nicht kennen. Wir befanden uns mitten in einem Wettstreit der Geschlechter: Derjenige, der das größte Desinteresse am anderen heucheln konnte, hatte gewonnen, und ich muss zugeben, dass er die bessere Strategie hatte. Er sprach nicht nur kein Wort mit mir, er nannte mich sogar „Mutter". Heute bin ich nicht mehr so empfindlich wie damals, und wenn mich jemand beleidigt, dann wende ich ihm einfach den Rücken zu. Aber damals, im vorpubertären Rausch, machte es mich fertig. Ich glaube im Nachhinein, dass „Mutter" unsere Liebe getötet hat, und so wischten wir uns eines Morgens den Mund ab, ohne zu wissen, dass es unser allerletzter Kuss war.

Ich habe mich oft gefragt, warum ich mich damals in ihn verknallt habe. Die fünf stärksten Gründe:

- **Er hatte von allen im Ruderklub das schönste Boot.**
- **Wenn er Sonnenbrand hatte, sahen die hellblonden Haare auf seinen Armen besonders blond und schön aus.**
- **Er beachtete mich überhaupt nicht, das machte ihn einfach unwiderstehlich.**
- **Er hatte unglaubliche O-Beine, ich fand Gebrechen an Männern süß.**
- **Er hatte ein goldenes Rennrad, ich nur ein altes Hollandrad.**

Das sind die Argumente, die ich damals für ihn in die Waagschale geworfen habe, und ich schätze, dass er keines davon in die Erwachsenenwelt gerettet hat, von seinen Beinen mal abgesehen. Das bedeutet, dass ich ihn wohl heute nicht mehr anziehend finden würde, sondern froh sein kann, dass es irgendwann aus war, sonst wäre mir mitten in der Pubertät die Einsicht gekommen, dass ich mit jemandem zusammen war, zu dessen größten Vorzügen es gehörte, ein goldenes Fahrrad zu haben. Wenn wir uns aber küssten, dann stand die Welt still. Sobald sich das Dunkel über das Land legte, wenn wir in den Ferien zum Beispiel gemeinsam im Ruderlager waren, fingen wir an, uns wie zufällig zu berühren, um dann in Nullkommanichts wie zwei Saugnäpfe aneinanderzuhängen. Unsere Technik war nur mit sehr viel Speichelfluss zu bewältigen, und ich habe erst kürzlich gedacht, dass der Dab, diese Bewegung, bei der man beide Arme zu einer Seite wegstreckt, von jemandem erfunden worden sein muss, der sich nach dem Knutschen unauffällig den Speichelrand abwischen wollte. Wir knutschten mit einer Ausdauer, wie sie nur Teenager hinbekommen, und ich erwachte jeden Morgen im Rudercamp mit unnatürlich geschwollenen Lippen.

Küssen ist deshalb so fantastisch, weil im Kopf sehr, sehr viele Nervenbahnen zusammenlaufen und praktisch alle wichtigen

Sinne dort ihren Sitz haben. Wir können schmecken, riechen, sehen, hören und fühlen und nicht zuletzt auch denken, wobei ich rückblickend sagen muss, dass ich nie sehr viel gedacht habe, wenn ich gerade verknallt war. Verliebte Menschen können nicht verantwortungsvoll handeln, und darum möchte ich an dieser Stelle auf eine der wichtigsten lambertschen Verhaltensregeln für eine gelungene Beziehung hinweisen:

Mach dir vor dem Ablauf von drei Monaten keine allzu großen Gedanken über die Zukunft der Beziehung.

Ich meine es ernst. Sehr viele Studien haben bewiesen, dass a) Verknalltheit keine objektive Sichtweise zulässt und b) zum Beispiel Männer sich erst nach drei Monaten entscheiden, ob sie bleiben oder gehen wollen. Es macht also keinen Sinn, sich groß darüber auszulassen, wer zu wem zieht und wie viele Kinder man in Zukunft haben will. Wer verknallt ist, ist nicht geschäftsfähig. Worauf du in dieser Zeit aber unbedingt achten solltest, ist, wie dich der oder die andere küsst. Und wie oft. Und ob er oder sie es auch in der Öffentlichkeit tut.

Interessanterweise hören viele Langzeitpaare auf, sich zu küssen, bevor sie aufhören, miteinander Sex zu haben. Ich glaube, das liegt daran, dass man beim Küssen seine Gefühle schwerer verbergen kann und der Kuss auf den Mund viel intimer ist, als sich beispielsweise an den Geschlechtsteilen zu berühren oder sich dort zu küssen. Manche Menschen berichten, dass eine intensive Knutscherei für sie aufregender und schöner war als ein vollständiger Geschlechtsakt. Ich kann das nachvollziehen, denn ich küsse für mein Leben gern. Ich bin der Meinung, dass es sich lohnt, viel Zeit mit dem Küssen verschiedener Menschen zu verbringen, damit man die individuellen Talente und Techniken würdigen und sich am Ende für den Besten oder die Beste entscheiden kann. Das ist harte Arbeit, ja, aber sie ist es wert. Auch wenn der Weg dahin beschwerlich ist.

Als ich etwa 15 war, hatte ich eine Leidenschaft für einen schmalen, trichterbrüstigen Jungen mit dem putzigsten Knutschmund entwickelt, dem ich beharrlich wie ein kleiner Hund hinterherlief, obwohl er an Austausch nicht sonderlich interessiert schien. Er war gerade so in die Pubertät gerutscht, und ich fragte mich, ob ich die Erste war, die er jemals küsste. Als ich ihn nämlich mit sehr viel Überzeugungskraft (ich ging einfach nicht weg) so weit hatte, fiel er über meinen Mund her, wie man es von Oktopussen kennt, wenn sie eine große Muschel aufzubrechen versuchen. Noch Tage später konnte ich die Umrisse seiner Zähne auf den Innenseiten meiner Lippen spüren. Diese Maximalstülpung führte dazu, dass ich eine Weile gar nicht mehr küssen wollte, weil ich des Speichels anderer überdrüssig geworden war. Ohne Knutschen ging es natürlich nicht lange. Stattdessen legte ich mir eine Liste zu mit Dingen, die man beim Küssen unbedingt beachten muss. Diese Liste kopierte ich und reichte sie in der Schule herum, aber nur an jene, denen ich eine schöne Knutschzukunft wünschte. Die anderen sollten sich ruhig vollsabbern lassen. Meine Standards für gutes und lustvolles Knutschen findest du auf Seite 70.

LIEBE PAULA, MACHEN DESSOUS MÄNNER SCHARF?

Ich glaube, es gibt solche und solche. Manche Männer finden es sehr anregend, wenn die Frau sich in Wäsche vor ihnen räkelt. Andere wiederum finden Dessous albern und überambitioniert. Eine rasche Umfrage in meinem Freundeskreis hat ergeben, dass 86,5 Prozent meiner männlichen Freunde Dessous blöd finden. Mein Freund Claus findet zum Beispiel, dass es wichtiger ist, wie sie sich fühlt, und da muss ich ihm zustimmen. Abgesehen von den Fantasien, die so ein Wäscheset zweifelsohne stimuliert, finde ich, dass eine Frau Wäsche vor allem für sich tragen sollte. Wenn du eine schöne Unterhose trägst, einen passenden BH und vielleicht sogar noch Strümpfe, dann fühlst du dich stark und unwiderstehlich und strahlst das auch aus. Darum geht es. Erfahrungsgemäß bleiben die Stücke eh nicht lang am Leib, bevor es zur Sache geht. Und ja, vielen Männern macht das Auspacken großen Spaß.

Ob du dich in einem Dessous-freundlichen oder aber Dessous-gleichgültigen Umfeld bewegst, hängt eben davon ab, welche Menschen deinem persönlichen Geschmack entsprechen. Ich könnte jetzt behaupten, dass meine Freunde alle superintellektuell und nur auf Inhalte aus sind, aber das würde nicht stimmen. Es ist vielleicht einfach Zufall, dass sich Menschen mit ähnlichen Unterwäschevorstellungen um mich gesammelt haben. Allerdings haben fast alle zugestimmt, dass sie es sehr anregend fänden, wenn ihnen ihre Begleitung beim Dinner stecken würde, dass sie einfach gar keine Wäsche trägt. Stell dir mal vor, was du da an Geld sparst! Herrlich!

Einmal hatte ich zwei Pornodarsteller in meiner Sendung zu Gast, die auch privat ein Paar waren. In einem ihrer Filme ging es um einen Strumpfhosenfetisch. In der Pornografie sind Filme mit Strumpfhosen der Renner schlechthin. Wenn man ein bisschen googelt, findet man die aberwitzigsten Konstruktionen, bei denen es am Ende im Grunde nur darum geht, dass der Mann auf die Strumpfhose ejakuliert, häufig auf die Füße der Trägerin. Manchmal wird die Strumpfhose aber auch einfach zerrissen, um zu vögeln. Meine Gäste hatten einen Film mitgebracht, in dem er auf einem Stuhl saß und sie ihm mit bestrumpfhosten Füßen einen runterholte. Es sei entsetzlich gewesen, sagte er, weil die Strumpfhose auf seinem Penis nach einer Weile für einen gewissen Abrieb gesorgt hätte. Und sie gab zu, die Begeisterung für Strumpfhosen und Sex nicht so ganz zu verstehen. Ich nickte nur dazu, weil ich nicht sagen wollte, dass ich Strumpfhosen grundsätzlich entsetzlich finde, und zwar egal, ob mit Sperma oder ohne.

ICH HABE BALD MEIN ERSTES DATE, UND WAHRSCHEINLICH SCHLAFEN WIR MITEINANDER. DU HAST MAL GESAGT, DU FINDEST MUSIK DABEI WICHTIG. WAS SOLL ICH DENN SPIELEN?

In „High Fidelity" schreibt Nick Hornby, dass er Menschen nicht ernst nehmen kann, die Alben von Phil Collins oder Tina Turner im Regal stehen haben. Er schreibt die Aussage zwar seiner Romanfigur zu, aber wie immer bei Autoren steckt sicher auch sein persönlicher Geschmack dahinter. Bei Sex mit Nick Hornby muss ich also von Tina Turner und Phil Collins abraten. Ansonsten gibt es ein paar einfache Regeln in Sachen Rhythmus und Textauswahl zu beachten. Nur um das zu versinnbildlichen, zeige ich dir ein paar Songs, die ich auf keinen Fall nehmen würde.

„Dieser Weg wird kein leichter sein" von Xavier Naidoo. Was soll das bedeuten? Unerfahrener Liebhaber stochert sich seine Bahn frei? Zumal man bei diesem Lied immer noch die „Tor!"-Schreie im Ohr hat und zu starkes Befeuern des Geschehens nicht immer gut ist. Eine durchweg schlechte Wahl aus ganz, ganz vielen verschiedenen Gründen.

„Tell Slater Not To Wash His Dick" von Bring Me The Horizon. Wirklich, Hygiene ist sowieso ein heikles Thema. Nein, nein und nochmals nein.

„A Bitch Iz A Bitch" von N.W.A. Das wirft ein heikles Licht auf die eigene Selbstwahrnehmung sowie auf den Partner. Ebenso wie „Dude Looks Like A Lady" von Aerosmith oder „Virus Alert" von Weird Al Yankovic. Das falsche Lied kann die Stimmung in Sekunden killen.

Ich würde auch keines auswählen, das darauf schließen lässt, dass einer von beiden ein psychopathischer Mörder ist. Also auf keinen Fall „Bitch I'll Kill Ya" von Young Ready, auch nicht „Raped By The Light Of Christ" von At The Gates und erst recht nicht „I Cum Blood" von Cannibal Corpse. Und auch nicht Rick Astleys „Never Gonna Give You Up".

Was den Rhythmus betrifft, muss man wissen, dass der menschliche Geist zur Konformität neigt. Das bedeutet, dass sich bei jedem gehörten Takt ein gewisser Anpassungswunsch einstellt, der fatale Folgen für die Qualität des Geschlechtsakts haben kann. „Gangnam Style" von PSY führt das geneigte Liebespaar ebenso auf den falschen Pfad wie „Pump Up The Jam" und so ziemlich alles von Sepultura.

Ich kenne einen Mann namens Sten, der jahrelang unter einer bestimmten Musik gelitten hat, allerdings hat er sich vor Jahren in einem noch immer unerreichten Knüller an Bösartigkeit und geschwisterlicher Langzeittraumatisierung gerächt. Nicht dass ich Rache gutheißen würde. Stens Schwester war schon in frühen Jahren häufig im Bett anzutreffen. Sie rannte selten, ging kaum, saß manchmal, am meisten aber lag sie. Und fast immer lag einer bei ihr. Das Problem war nur, dass sich Stens Zimmer hinter dem seiner Schwester befand, welches folglich ein Durchgangszimmer war. Nachdem Sten zwei-, dreimal unwissentlich mitten in eine sachgerechte Vögelei geplatzt war („Erst dachte ich, sie isst ihn auf, aber dann habe ich es gesehen – es war so richtig eklig", erzählte er zum Beispiel tags darauf in der Schule), trafen die beiden eine Abmachung. Immer wenn Musik von The

Mission lief, musste Sten die Augen schließen, wenn er durchs Zimmer wollte. Weil ziemlich häufig The Mission lief, schlug sich Sten noch häufiger die Schienbeine an Ecken und Kanten blutig, während er sich mit geschlossenen Augen durchs Zimmer tastete, um in seines zu kommen. Später bekam er den Namen „Ständerkiller", aber das ist eine andere Geschichte.

Jedenfalls gärte die Wut in Sten, und sein Wunsch nach Rache wurde übermächtig. Er kam auf einen ebenso fiesen wie bewundernswert einfachen Plan. Abends pinkelte er in eine leere Wasserflasche. Und manchmal in der Nacht, wenn seine Schwester eingeschlafen war (die einen sehr festen Schlaf hatte wie alle, die in Durchgangszimmern wohnen), goss er die gesammelte Pisse in das Bett seiner Schwester, genau an die richtige Stelle. Irgendwann bekam Sten das Zimmer seines großen Bruders. Witzigerweise verschwand die Inkontinenz seiner Schwester zur selben Zeit. In manchen Gegenden von Bonn ist „Sarah, die Bettnässerin" immer noch ein fester Begriff.

Du siehst also, dass auch Musik Schaden anrichten kann. Der Grund, warum Barry White, Dinah Washington, Keith Jarrett und Marvin Gaye seit Jahrzehnten bei Geschlechtsverkehrfreunden auf der ganzen Welt so beliebt sind, ist der, dass sie weder in Sachen Text noch Rhythmus für Verstörung sorgen. Lassen wir es doch einfach dabei.

LIEBE PAULA, WAS IST AUS DEINER SICHT DAS IDEALE VERHÜTUNGSMITTEL?

Ganz klar: Kondome. Bitte benutz immer welche, zumindest bei allen Bettgeschichten, die auf kurze Zeit angelegt sind. Seid ihr erst mal getestet, gibt es ein paar Varianten. Ich bin überhaupt kein Fan der Pille (auch wenn sie wirklich ein Segen ist/war), weil sie trotz allem starke Nebenwirkungen hat, wie zum Beispiel Stimmungsschwankungen oder Libidoverlust. Aber das musst du selbst entscheiden. Bis ein geeignetes Mittel für Männer erfunden ist, rate ich daher zur Spirale oder zum Verhütungs-schirmchen, die lokal verhindern, dass sich ein Ei einnistet, und praktisch keine dramatischen Nebenwirkungen haben, auch wenn es Frauen gibt, die über stärkere Regelblutungen klagen. Die Kosten liegen zwischen 250 und 400 Euro, dafür ist dann aber auch Ruhe. Temperaturmessmethode und Persona etc. sind okay, wenn es nicht so tragisch ist, falls du schwanger wirst. Ich kenne eine Menge Kinder, die es damit auf die Welt geschafft haben, weil der Mensch an sich eben doch nicht so berechen-bar ist, wie er hofft. Das Wichtigste ist mir aber, dass du kein Kind bekommst, weil du denkst, dass du dann mehr wert bist/du sowieso nichts anderes zu tun hast/man es eben so macht/alle in der Familie mit 17 schwanger geworden sind/Kinder so nied-lich sind. Überleg es dir gut. Denn jedes Kind hat das Recht auf ein schönes, freies Leben und ist nicht dafür da, irgendetwas zu kompensieren. Und ja, ich bin absolut dafür, eine Schwanger-schaft abzubrechen, wenn das die bessere Entscheidung ist.

Da hätte ich noch was! Körperhygiene

Wenn ich in Schulen gehe, um Aufklärungsunterricht zu geben, dann mache ich es absolut, und ich spare auch nicht mit den hässlichen Seiten. Zum Beispiel Körperhygiene. Ich finde, das Wort „Smegma" darf sich ruhig einbrennen. In Sachen man-gelnder Körperhygiene geschehen die grauenvollsten Dinge. Ich werde nie vergessen, wie mein Mitschüler J. mit meiner Mitschü-lerin F. Sex hatte, so etwa in der elften Klasse, und sie danach die Kolorierung seines Geschlechtsteils in den, nun ja, schillerndsten Farben beschrieb und auch über ihren Ekel ob des grindigen Zu-standes. Diese Story gebe ich jedes Mal preis, weil ich auf keinen Fall möchte, dass über von mir aufgeklärte Schüler irgendwann mal jemand sagt: „Das sah aus, als wäre alter Bauschaum drauf." Diese Geschichte vergisst niemand, dem ich sie einmal in aller Ausführlichkeit erzählt habe. Ich hinterlasse zuverlässige Sauberkeit. Hoffe ich zumindest.

Warum Hygiene so wichtig ist? Weil man sich dann nicht nur selbst, sondern auch als Beteiligter wohler fühlt. Ich kenne Männer, die sich nach jedem Urinieren den Penis waschen. Das finde ich vorbildlich, vor allem aber schafft man so die Möglichkeit des spontanen, superfrischen Sexakts.

Der Legende nach hat der Feldherr Napoleon seiner Joséphine vor Ankunft geschrieben: „Hör auf, dich zu waschen, ich komme in drei Tagen." Ob man Geschlechtsgeruch mag oder nicht, ist eine Frage des persönlichen Gustos. Einer meiner ersten Freunde hatte eine derart pelzige Duftnote, dass ich dazu überging, ihn zu bitten: „Bitte geh dich waschen, ich komme in fünf Minuten." Besser ist natürlich, sein Geschlechtsteil stets in angenehmer Verfassung zu präsentieren. Das schuldet man nicht nur sich, sondern auch seinen Mitmenschen.

WOHER WEISS ICH, OB ER MICH MAG?

Manchmal glaube ich, dass viele Menschen in den ersten 25 bis 30 Jahren nicht wissen, was dieses ominöse „Bauchgefühl" ist, von dem immer alle reden. Die meisten Dinge sind einem nämlich binnen Sekunden klar, nur weigern wir uns, darauf zu hören.

Ich kann dir anhand eines Beispiels zeigen, woran man erkennt, ob er dich *nicht* mag. Vor gut 20 Jahren war ich kurz für einen

Typen entflammt, der wortkarg, eitel und auch sonst nicht sehr freundlich war. Aber weil ich damals wirklich überhaupt kein Gespür für die Leidenschaft anderer Menschen hatte (oder für mich), dachte ich, dass ich ihm nur penetrant genug auflauern müsste, schon würde der Funken der Leidenschaft auch auf ihn überspringen. Nach drei Wochen wirklich erbärmlicher Versuche, die über Geknutsche und zweimal Alles nicht hinauskamen, schmiss besagter Herr eine Party, zu der ich eingeladen war, obwohl ich längst sämtliche Kriterien einer Stalkerin erfüllte. Auf der Party waren eine Menge Leute, und er bemühte sich, auf keinen Fall mit mir gesehen zu werden. Eine gewisse Menge Alkohol bekräftigte meinen Entschluss, auf alle Fälle über Nacht zu bleiben, was ich dann auch bald lauthals kundtat, wahrscheinlich, um die Konkurrenz in Schach zu halten. Zum Glück war meine Freundin Alli dabei, die mich irgendwann sanft aus der Tür schob, während ich rief: „Keine Sorge, ich komme wieder!" Um ein Haar wäre ich aus dem Taxi gesprungen. Na ja. Wenn sich ein Typ nicht mit dir sehen lassen will, kannst du dir sicher sein, dass er dich nicht mag.

Wie ich eingangs schon sagte, mag einen nicht jeder. Wer dich aber mag, der wird dir das auch zeigen.

WOHER WEISS ICH, DASS SIE MICH MAG?

Frauen sind da nicht so leicht zu durchschauen wie Männer. Bei Männern kann man ganz einfach auf den Bauch hören oder die Dreimonatsregel befolgen, denn nach drei Monaten weiß auch der stoffeligste Mann, ob er bleiben will oder gehen. Frauen jedoch sind komplexere Geschöpfe. Frauen können in leidenschaftliches Begehren zerfließen, aber schon Sekunden später völlig überschnappen, weil ihnen irgendetwas nicht passt. Ich kannte eine Frau, die jedem das Gefühl gab, er sei der Prinz, für den sie sich entschieden hatte. Dann weidete sie die Männer eine Weile aus (Sex, teure Geschenke, Restaurantbesuche), bevor sie sie schließlich per Textnachricht abservierte. Warum keiner der Herren gemerkt hat, dass sie eine durchgeknallte Soziopathin war? Weil sie wahnsinnig gut aussah. Ich kenne viele Männer, die bleiben bei vollkommen irren Frauen, weil sie so unglaublich schön sind. Zumindest aus Männersicht. Ich finde ja, dass Menschen mit verseuchter Seele noch so toll aussehen können, sie werden immer hässlich sein. Aber manche Männer sind da einfach wie lebensdumm. Woher du weißt, ob sie dich mag? Sie wird es dir schon zeigen. Oder eben nicht.

ICH ÜBERLEGE, MAL VIAGRA ZU NEHMEN, DAMIT ICH AUF KEINEN FALL SCHLAPPMACHE. DENN DIE FRAU IST MIR SEHR WICHTIG! DENKST DU, DAS WÄRE DAS RICHTIGE?

Denkst DU denn, dass es das Richtige wäre? Inzwischen nehmen so viele junge Männer aus reiner Versagensangst unnötigerweise VIAGRA, und ich gebe immer noch zu bedenken, dass es sich dabei um ein Medikament handelt, das wirklich starke Nebenwirkungen hat. Sehr häufig, wenn ein Mann glaubt, dass er impotent sei, liegt in Wahrheit eine psychische Blockade vor, und ich bitte dich, das erst mal abzuklären, bevor du dir ein sehr krasses Medikament einwirfst.

Vor Jahren habe ich mal mit meinem damaligen Freund VIAGRA ausprobiert, weil ich über die Wirkung schreiben wollte. Es war genau wie anno dazumal, als ich mit 17 psychedelische Pilze zu mir genommen habe. Damals hockte ich da und tippelte mit den Fingern auf dem Tisch herum und dachte: Wann geht es denn los? Wann?, weil ich Angst hatte, etwas zu verpassen. Dann, so nach einer Dreiviertelstunde, musste ich über irgendeinen Blödsinn lachen und konnte sechs Stunden nicht mehr aufhören. Es war schrecklich, und ich hatte am nächsten Tag Muskelkater von den Lachkrämpfen.

Genau so war mein VIAGRA-Erlebnis. Mich trieb die Frage um, ob man Potenz noch potenter machen konnte, was ja ein zutiefst männliches Thema ist. Als VIAGRA entdeckt wurde, war die Stimmung unter den Männern dieser Welt in etwa, als hätte jemand das Geheimnis ewigen Lebens entschlüsselt. Der Legende nach war es so, dass ein Doktor jemanden beim Pharmakonzern Pfizer anrief, um sich über das neue Medikament zur Blutdrucksenkung zu beschweren. Es würde leider überhaupt nicht wirken, sagte der Doktor, allerdings gäbe es einen interessanten Nebeneffekt. Unnötig, zu erwähnen, dass der Kurs der Pfizer-Aktien sofort in den Himmel schoss. Auch klar, dass das Medikament in vergleichsweise kurzer Zeit durch die Zulassungsprüfung gehuscht ist.

VIAGRA hat das Sexualverhalten der ganzen Gesellschaft revolutioniert. Plötzlich wurde öffentlich darüber diskutiert, dass auch ältere Menschen ein Sexualleben haben. Und endlich gab es effektive Hilfe für diejenigen, denen es schwerfiel, ihren Penis aufzurichten, was sicher eine lebensverändernde Sache ist.

An jenem Abend saßen wir auf dem Sofa und warteten auf die Erektion. In Wahrheit fürchtete ich mich. Davor, dass mein Kerl mittels 50 Milligramm VIAGRA von einem Herzinfarkt dahingerafft würde, was es ja schon mal gegeben hatte. Unter anderem, weil sich Männer mit wieder erstarkter Potenz völlig überanstrengt hatten. Und dann hatte ich Angst davor, dass aus meinem lieben Freund gleich ein sexbesessenes Monster würde, das sich, betäubt von Erektionshärte und Testosteronüberschuss, auf mich stürzen würde. Wer einmal einen Bullen bei der Besamung erlebt hat, weiß, was ich meine. Vor ein paar Jahren habe ich von ein paar jungen Männern gelesen, die ein paar von den blauen Pillen genommen hatten und immer noch erigiert waren, als sie viele Stunden später in ein Flugzeug stiegen. Diese Warnung stand auch in der Packung: „Über übermäßig lang anhaltende und manchmal schmerzhafte Erektionen wurde nach der Einnahme von VIAGRA berichtet. Wenn Sie eine derartige, mehr als vier Stunden andauernde Erektion haben, sollten Sie umgehend einen Arzt zu Rate ziehen."

Vor dem Versuch hatten wir nur ein recht leichtes Mahl zu uns genommen, denn in der Anleitung stand: „Sie werden möglicherweise feststellen, dass es länger dauert, bis VIAGRA wirkt, wenn Sie es mit einer reichhaltigen Mahlzeit einnehmen." Schwer zu sagen, ob Linguine mit Scampi und Zucchini reichhaltig sind oder nicht. In der Soße war Sahne drin. Also warteten wir. Plötzlich bekam mein Freund rote Augen, als hätte er sehr viel geweint, und eine rötliche Gesichtshaut. Ansonsten passierte nichts. „VIAGRA", stand weiter in der Anleitung, „wird Ihnen nur dann zu einer Erektion verhelfen, wenn Sie sexuell stimuliert werden. Der Zeitraum bis zum Wirkungseintritt von VIAGRA ist von Patient zu Patient verschieden, er liegt üblicherweise bei einer halben bis einer Stunde." Wir warteten lieber, wegen der Sahne. Ungefähr eine Stunde nach Einnahme der Tablette sagte mein Freund: „So. Dann mal ran."

Ich habe keinen Penis, fand aber, dass seiner irgendwie härter und größer aussah. Das ist nämlich das Problem bei Selbstversuchen: Man kann sich eine Menge einbilden. Das Herz meines Freundes schlug wie verrückt. Er sagte: „Das ist ganz normal." Aber ich wusste nicht so recht. Die Blicke des Notarztes mochte ich mir gar nicht vorstellen. Erst recht nicht die auf der Beerdigung, wenn ich zugeben musste, dass mein Lieber beim Koitus verstorben war, weil wir unbedingt mit potenzsteigernden Mitteln experimentieren wollten. Und ja, die erste Runde Sex war recht schnell erledigt.

Unbegrenzte Potenz ist der ultimative Traum des Mannes. Der Penis meines Freundes zog sich nach der Nummer nicht zurück, sondern blieb, zwar etwas weicher und kleiner, stehen, als würde er auf etwas warten. „Wie geht es dir?", murmelte ich, mehr zum Penis als zu meinem Freund. „Gut", antwortete der Mann, „ganz normal eigentlich, nur nicht so erschöpft. Probier mal, ob es gleich weitergehen kann."

Die zweite Runde war nicht ganz so enthusiastisch. Wenn der Penis von selbst hart bleibt, muss man sich nicht so viel bewegen, was gut war, denn nach einer Weile stellte sich eine gewisse mechanische Beanspruchung der Geschlechtsteile ein. Man kann auf VIAGRA, rein theoretisch, für geraume Zeit ineinander stecken bleiben, wenn man das möchte. Da es schwierig war, zum Orgasmus zu kommen – für ihn, weil er so schnell nicht noch einmal kommen konnte, für mich, weil ich ängstlich seinen Herzschlag überwachte –, machten wir einfach eine Pause und tranken ein Bier. Alkoholfrei natürlich, denn: „Alkoholgenuss kann vorübergehend die Fähigkeit herabsetzen, eine Erektion zu erreichen."

Anschließend machten wir weiter, aber der Sex hatte nichts Lustvolles mehr, sondern im Gegenteil, etwas Künstliches, Unnatürliches. Irgendwann, nach 20 Minuten oder so, hörten wir auf und beobachteten, wie sich der Penis langsam schlafen legte. Wir weckten ihn nicht wieder auf. Irgendwie sah er traurig aus. Mit anderen Worten: Tu es nicht.

LIEBE PAULA, WARUM IST MASTURBATION EIGENTLICH SO WICHTIG? KANN DAS NICHT DER MANN ERLEDIGEN?

Es gibt viele Faktoren, die eindeutig für ein ausgiebiges Verhältnis mit sich selbst sprechen.

1. Selbstbefriedigung macht dich glücklicher.

Alles, was sich schön anfühlt, sorgt dafür, dass Menschen sich wohlfühlen. Warum? Orgasmen lösen eine Ausschüttung der Endorphine Dopamin und Oxytocin aus, die für ein natürliches High sorgen. Vollkommen legal und ohne Nebenwirkungen!

2. Wenn du dich selbst berührst, fühlst du dich wohler mit deinem Körper.

Dein Körper begleitet dich für den Rest deines Lebens, und es ist schlau, ein gutes Verhältnis zu ihm zu haben. Werdet beste Freunde! Für dein ganzes Leben ist es absolut unerlässlich, dass du deine eigene Anatomie wertschätzt und verstehst, welche Berührungen sich gut anfühlen und welche nicht.

3. Dein Sexleben wird besser.

Wenn du deinen Körper gut kennst, weil du dich viel mit ihm beschäftigst, weißt du genau, was dir gefällt und was nicht. Und weil du es weißt, hast du auch genug Selbstvertrauen, deinen Sexpartnern zu sagen, wenn sie auf dem richtigen Dampfer sind. Und allen anderen, dass es so leider nichts mit euch wird.

4. Du schläfst schneller ein und baust Stress ab.

Nach einem knackigen Orgasmus wird man herrlich müde. Das hat einen Grund: Orgasmen helfen, den Körper von Spannungen zu befreien, und erschöpfen den Körper, was dazu beiträgt, dass man hinterher rascher einschläft. Vieles davon läuft eher auf einer psychischen Ebene ab; weil man sich sicher und entspannt fühlt, kommt man auch besser zur Ruhe.

5. Du wirst sexuelle Spannungen los.

Es soll ja Phasen im Leben geben, in denen man keinen Sex hat, weil man nicht will oder man keinen Partner hat. Wenn du durch eine Trockenzeit gehst, kannst du deine Libido natürlich trotzdem am Leben halten. Und solltest es auch. Denn Studien haben gezeigt, dass Menschen, die lang keinen Sex hatten, aufhören, daran zu denken. Dabei hat Sex so viele gesundheitliche Vorzüge!

6. Masturbation hilft gegen Schmerzen und Menstruationsbeschwerden.

Während des Orgasmus kontrahiert die Gebärmutter. Die Kontraktion sorgt dafür, dass Menstruationsblut schneller abfließt, und lindert Unterleibskrämpfe. Zwar gibt es relativ wenige Studien zu dem Thema, aber die Erfahrung zeigt, dass ein Orgasmus hilft. Macht auf jeden Fall mehr Spaß, als einfach nur eine Wärmflasche aufzulegen.

7. Es gibt eine Menge cooler Spielzeuge, die dir dabei helfen.

Wirklich. Auch wenn nicht alle davon meinen Namen tragen.

8. Wenn du in einer Beziehung bist, ist Masturbation eine tolle Art, die Dinge noch ein bisschen sexier zu machen.

Selbstbefriedigung stimuliert den Teil im Gehirn, der dafür sorgt, dass deine Libido in Schwung bleibt. Heißt: Je mehr Sex du mit dir hast und je wohler du dich dabei fühlst, desto mehr Sex wirst du mit deinem Partner haben wollen. Gerade in Beziehungen, in denen der Sex etwas eingeschlafen ist, hilft es, wenn wenigstens ein Partner plötzlich voller sexueller Energie steckt.

9. Multiple Orgasmen.

Wenn du deinen Körper verstehen lernst, wirst du merken, dass du plötzlich genau weißt, wie du dir Vergnügen bereiten kannst. Anders als Männer können wir Frauen so oft kommen, wie wir wollen. Warum also bei einem Mal aufhören?

10. Es gibt keine Nachteile.

Masturbation hat absolut keine negativen Nebenwirkungen. Man wird nicht schwanger, fängt sich nichts ein und muss sich nicht anhören, dass sich bislang noch keine beschwert hat.

Es gibt noch einen anderen Grund. Überspitzt gesagt, machen Jungs in den Jahren elf bis 18 den ganzen Tag nichts anderes, als die Bettlaken vollzukleckern und hinterher zu behaupten, es handele sich um verschütteten Joghurt. Mädchen fangen für gewöhnlich deutlich später an und befriedigen sich seltener. Im Alter von 16 bis 19 Jahren haben 97 Prozent aller Jungen schon Erfahrung mit Selbstbefriedigung, hingegen nur 43 Prozent der Mädchen. Wenn sich ein Junge zweimal am Tag befriedigt, macht das locker 3000 Orgasmen Unterschied. Das ist ein enormer Vorsprung im Erfahrungshorizont. Also: Wo bleibt dein Ehrgeiz?

Plaudereien vom Set:

BIZARRE SEXSPIELE

Die Sendung aufzuzeichnen dauert mehrere Stunden. Auch wenn am Ende nur knapp 30 Minuten übrig bleiben, sind diese Stunden wichtig, weil mein Gast und ich uns in der Zeit kennenlernen und uns alles erzählen. Vieles davon ist nicht für die Kamera bestimmt oder passt thematisch nicht in die Sendung. Sehr viele Gäste erzählen mir in den Drehpausen von Ideen, die sie für Sexspiele oder riskante Selbstbefriedigungstechniken haben oder die sie gern ausprobieren würden. Manchmal frage ich mich, ob mit mir etwas nicht stimmt. Ich habe noch nie den Wunsch gehabt, bis zur Besinnungslosigkeit gewürgt zu werden. Ich wollte auch noch nie in einem Latexanzug U-Bahn fahren. Vielleicht bin ich einfach eine Sexspießerin, aber in meinen Fantasien kommt fast immer ein Bett vor oder wenigstens etwas, das ähnlich gemütlich ist.

Neulich habe ich einen Artikel gelesen, in dem stand, dass Rechtsmediziner von etwa 100 Toten pro Jahr ausgehen, die in Deutschland durch bizarre Masturbationspraktiken zu Tode gekommen sind. 100 Leute! Ich bin erstaunt, dass man davon nichts hört, dann wiederum gehe ich davon aus, dass keine Familie eine Todesanzeige schaltet mit dem Text: „Onkel Anton, der alte Lüstling, hat sich am Montag mit einem selbst gebastelten Hodentoaster für immer das Licht ausgeknipst." Nein, man behandelt das diskret, ist schon klar.

In dem Artikel stand auch, welche Hinweise es auf einen Unfall während der Selbstbefriedigung gebe: ein entblößtes Geschlechtsteil, Pornobilder, ein Spiegel in der Nähe, Fesseln, die selbst angebracht worden sein können, Folientüten über dem Kopf sowie ein einzelner Mensch in einem abgeschlossenen Zimmer – ohne Abschiedsbrief.

Der häufigste Hintergrund bei autoerotischen Todesfällen ist übrigens Lust durch Sauerstoffmangel, Hypoxyphilie genannt. Dabei schnüren sich Menschen während der Selbstbefriedigung absichtlich die Luft ab, denn angeblich wirkt Sauerstoffmangel euphorisierend. Die Kombination aus Todesangst und Orgasmus scheint ein beschämendes Ableben offenbar zu rechtfertigen, weil es im Gehirn zu einem Dopaminschub kommt, der ganz ähnlich funktioniert wie ein Drogenrausch. Auch Jugendliche sind daran schon gestorben.

Ich erinnere mich noch an diesen Fall im Dezember 2017, wo man einen Mann tot in seinem Keller fand. Der Mann war am ganzen Körper und am Hals mit Ketten gefesselt und offenbar während der Selbstbefriedigung erstickt. Die Würgevorrichtung war mit fünf Vorhängeschlössern versehen, die er in der richtigen Reihenfolge hätte öffnen müssen.

Bekannte Todesfälle durch Hypoxyphilie sind „Kill Bill"-Schauspieler David Carradine, der 2009 stranguliert in einem Kleiderschrank gefunden wurde, und INXS-Sänger Michael Hutchence, der 1997 an einem Gürtel stranguliert in einem Hotelzimmer entdeckt wurde. Über Carradine sagte eine Gerichtsmedizinerin damals: „Er starb, nachdem er sich selbst befriedigt hatte."

Im Fall von Hutchence gingen die Ermittler zunächst von Suizid aus, aber seine Lebensgefährtin Paula Yates widersprach und sagte, dass er bei einem missglückten Sexspiel gestorben sei. Ich weiß ehrlich gesagt nicht, welche Wahrheit mir lieber gewesen wäre.

Ich verstehe, dass Menschen, die einen toten Angehörigen finden, manchmal Dinge wegräumen, weil die Scham so groß ist. Wie die alte Frau, die ihren Sohn mit den Klemmen von Weihnachtsbaumlichtern an den Brustwarzen fand und die Lichter schon weggeräumt hatte, als der Notarzt eintraf. Verbrennungen am Körper hatten den Rechtsmediziner aber stutzig gemacht, woraufhin die alte Dame einräumte, dass ihr Sohn wohl versucht hatte, sich durch Stromschläge zu stimulieren.

Das Bizarrste, was ich in der Hinsicht gelesen habe, war ein Todesfall in Hamburg. Dort hatte sich ein Mann angeblich mit Scheiblettenkäse belegt, eine Nylonstrumpfhose über den Oberkörper gezogen und darüber dann einen Plastikregenmantel angezogen. Mit der Montur stieg er schließlich in einen Taucheranzug, stülpte sich eine Plastiktüte über den Kopf und setzte sich vor die eingeschaltete Heizung.

Ich frage mich: Wofür die Scheibletten?

Bitte bringt euch nicht um. Schon gleich gar nicht für einen Orgasmus.

HEY, ICH WÜRDE MIR GERN MEHR SEXWISSEN ANLESEN, UND ES GIBT JA MASSENWEISE BÜCHER. KANN ICH DURCH LESEN VON RATGEBERN WIRKLICH ETWAS LERNEN?

Na ja, immerhin habe ich dieses Buch geschrieben in der Hoffnung, dass Menschen etwas lernen, was sie interessiert, oder zumindest anfangen zu diskutieren. Es gibt wirklich unzählige Sexratgeber, auch monothematische. 200 Seiten über Blowjobs zu lesen finde ich aber ein bisschen übertrieben. Neben Sexbuchklassikern wie „Leben mit einem großen Penis" ist mir vor ein paar Jahren in einem Antiquariat ein Buch in die Hände gefallen mit dem Titel „Sex-Rekorde und Sensationen" von Horst Dieter Adler. Es stammt aus dem Jahr 1990, die Bildsprache allerdings aus den frühen Achtzigern, was mich rückschließen lässt, dass jemand ein paar Fotos zusammengeklaubt und sich gedacht hat: „Dufte, daraus machen wir ein lehrreiches Büchlein mit abwaschbaren Seiten." Tatsächlich stehen erstaunliche Dinge drin, die ich dir nicht vorenthalten möchte.

„Längeres Aussetzen der sexuellen Betätigung, zum Beispiel durch Trennung, Krankheit oder Haft, lassen die Libido erlöschen" steht da etwa. Vermutlich saß der Autor abends in gemütlicher Runde beisammen, blätterte in den Fotos und sagte: „Ferdinand, du bist doch gerade frisch raus. Wie ist denn das so im Knast mit dem Vögeln?" – „Ah, total lahm", wird Ferdi darauf geantwortet haben, „die Haft schlägt mir wirklich immer so auf die Libido."

Tatsächlich scheinen der Autor und seine Freunde eher aus den frühen Jahrzehnten des 20. Jahrhunderts zu stammen. Ich zitiere aus dem Kapitel „La Vieux posierend vor der Kamera": „Am Stammtisch war man wieder mal bei dem Thema angelangt, ob im Bett eine junge Frau besser sei oder eine vielerfahrene Alte. ‚Lasst mich in Ruhe mit den jungen Dingern', meinte Freund Erich. (...) ‚Alterfahrene Gespielinnen sind da einfach besser. Wir hatten damals im Soldaten-Bordell von Belfort eine (...). Wer zweimal bei La Vieux im Bett gewesen war, hatte für sein Leben ausgelernt.'"

Diese Haltung wiederum scheint eine nicht weiter identifizierte Dame vergrätzt zu haben, die nämlich über die Aktbild-Sammlung ihres Mannes zu Protokoll gibt: „Mir verging jeder Genuss an der körperlichen Liebe, wenn ich zusehen musste, wie mein Mann mit gierigen Blicken die Fotoweiber betrachtete, während er sich an mir befriedigte. Das halte ich nicht für die feine englische Art."

Das Buch ist natürlich schon jetzt ein Klassiker unter Schmunzelfreunden. Aber um die Frage ganz ernsthaft zu beantworten: Ja, es macht absolut Sinn, Ratgeber zu lesen. Wie bei allem im Leben ist es aber wichtig, dass man der Theorie auch die Praxis folgen lässt.

Grundsätzlich bin ich der Meinung, dass man nie genug Sex-tipps bekommen kann, und sei es nur, um ein bisschen was zu lachen zu haben. Das Herrliche an der Lektüre von merkwürdigen Ratschlägen ist natürlich die Vorstellung, dass Menschen sie tatsächlich ausprobieren, und zwar mit ganz ernsten Gesichtern. Diesen hier habe ich kürzlich in einer Frauenzeitschrift gelesen: „Sie überrascht ihn, indem sie sagt, sie brauche schnell mal etwas Wechselgeld. Dann fasst sie ihm in die Hosentasche, berührt dabei den Penis, bis er zu einer ordentlichen Erektion angeschwollen ist, und sagt dann: „Ist das eine Rolle Euros in deiner Tasche, oder freust du dich einfach, mich zu sehen?" Das ist natürlich irre komisch, es sei denn, man ist mit einem Bankangestellten liiert oder einem Supermarktkassierer. Zum Beispiel hatte der Filialleiter in dem Supermarkt, in dem ich als Schülerin jobbte, immer Geldrollen in der Hosentasche (das wusste ich von Erika aus der Frischeabteilung). „Ist das eine Geldrolle in deiner Tasche, oder freust du dich einfach, mich zu sehen?" – „Tja, also, ich freue mich schon, aber ich habe hier ein paar Ein- und Zweimarkmünzen, die schnell zur Bank müssen." Damit ist natürlich die ganze Nummer versaut.

Was ich auf alle Fälle empfehlen kann, sind Bücher, die Gesprächsanregungen bieten. Es ist schließlich schön, wenn die Menschen sich gegenseitig mit einer gewissen Reflexionsfähigkeit begegnen. Statt zum Beispiel zu sagen: „Wie hast du mich gerade genannt? Ich haue dir eins in die Fresse, du blöde Sau!", wäre es besser zu antworten: „Ich höre da eine Menge Unmut heraus. Was brauchst du, um wieder fröhlicher zu werden?" Oder zumindest so ähnlich. Es gibt ein schönes Buch namens „Think Love" von Ulrich Clement, das selbst den betonzüngigsten Menschen auf die Sprünge hilft.

Eine Frage darin lautet zum Beispiel: „Wann hast du dich zuletzt auf Sex eingelassen, obwohl du eigentlich nicht wolltest? Warum?" Das ist natürlich heikel in Beziehungen, die nicht mehr so gut laufen. Ungeübten mag da schnell ein „Ich habe schon seit Jahren keinen Bock mehr auf dich" herausrutschen. Eine bezaubernde Vorstellung finde ich auch die Reaktion des deutschen Durchschnittsmanns auf die Frage: „Angenommen, deine Partnerin wollte von dir nicht mit Worten, sondern auf körperlich-sinnlich-sexuelle Weise erfahren, was sie dir bedeutet – wie würdest du es ausdrücken?"

Tja, denk mal drüber nach.

LOHNT ES SICH WIRKLICH, BECKENBODENTRAINING ZU MACHEN?

Wie hat Oma noch immer gesagt? „Kind, mach Beckenboden-training, sonst läufst du später aus wie ein Eimer." Auch wenn man von seiner Oma lieber anderes hören möchte: Recht hat sie! Ständiges Sitzen auf Stühlen und zu wenig Sex lassen den Beckenboden ganz schön müde werden. Die Folgen können unter anderem Orgasmusprobleme und Inkontinenz sein. Studien haben gezeigt, dass Frauen aus Völkern, bei denen viel gehockt wird, ein deutlich strafferes Bindegewebe und praktisch kaum Probleme mit dem Orgasmus haben. Du kannst dir also entweder einen Beckenbodentrainer kaufen, selbst mit der sogenannten Fahrstuhltechnik üben (einen imaginären Aprikosenkern in die Vagina einführen und dann hoch und runter transportieren) oder ab und zu vom Stuhl aufstehen und dich hinhocken, als würdest du im Wald Wasser lassen. Am besten tust du alles drei, sonst kannst du irgendwann nicht mehr auf dem Trampolin springen, ohne hinterher duschen zu müssen.

LIEBE PAULA, HABEN SPORTLER DEN BESSEREN SEX?

Man könnte es annehmen. Allerdings gibt es auch Sportarten für Männer, bei denen sich eine häufige Traumabelastung der Hoden durch Stöße, Tritte, Sprünge und/oder Druckbelastung ungünstig auf das körperliche Wohlbefinden auswirken. Hoden-torsion, also eine Drehung von Hoden und Nebenhoden, ist mit 43 Prozent eine der häufigsten Sportverletzungen des Urogeni-taltrakts bei Männern. Sportlerinnen leiden hingegen eher unter allgemeinen Prellungen.

Frauen sind in Sachen Sport generell besser dran. Früher, als ich ganz jung war, konnte ich rennen wie ein Feldhase. Mein schnellster Lauf dauerte 46 Minuten über 10 000 Meter. Nicht unbedingt deutsche Bestzeit, aber schnell war ich doch. Damals habe ich sechs Tage die Woche trainiert, Rudern und Laufen, man wollte ja fit bleiben.

Ich erwähne das nur, weil im Branchenblatt „Sexual and Rela-tionship Therapy" ein Artikel erschienen ist, in dem der Zusam-menhang zwischen weiblichem Sportverhalten und Orgasmus beschrieben wird. Von den befragten Frauen gab die Hälfte an, unter anderem bei Sit-ups, Tennis, Pilates, Aerobic oder Jogging gekommen zu sein. Und zwar ganz ohne schmutzige Gedanken.

Ich habe in meinem Leben Tausende von Sit-ups gemacht. Ich bin kilometerweit gerannt, habe Pilates und Yoga auspro-biert, sogar Aerobic, obwohl ich immer Schwierigkeiten mit der Schrittfolge hatte. Tennis habe ich auch gespielt, was wirklich schwer ist, wenn man nicht räumlich sehen kann, ich hatte ein eigenes Pferd – und all das ohne einen einzigen Orgasmus.

Ich bin aber nicht die Einzige, bei der Sport nicht zum Höhe-punkt führt. Als ich einmal in der Sendung „3 nach 9" zu Gast war, sprach ich über ebenjene Studie. Judith Rakers, passionier-te Reiterin, sagte: „Also, ich bin beim Reiten noch nie gekom-men!" Ich sagte daraufhin: „Falsches Pferd." Sie fand es wohl nur mittelkomisch, denn ich wurde nie wieder eingeladen. Wie dem auch sei: Körperliche Fitness ist nicht nur für guten Sex von Vorteil.

Plaudereien vom Set:

SPORT FREI

In der ersten Staffel von „Paula kommt" waren wir sehr darauf erpicht, zu den Wünschen meiner Gäste passende Locations zu finden. Das gab manchmal ein ziemliches Gemurkse, denn wie soll man eine Location finden, die in optisch passender Weise sagt: „Ich träume von Gangbangs mit mehreren Männern und habe Vergewaltigungsfantasien"?

Einmal kam ein Gast zu mir, die sich beim Sex häufig vorstellte, Mitwirkende in einem Porno zu sein beziehungsweise beim Sex zum Zweck der Stimulation Sexfilme laufen ließ. Unsere brillante Idee war es, das Gespräch in einem Studio aufzuzeichnen, in dem Pornos gedreht wurden – und zwar währenddessen. Wie schon erwähnt, sind unsere Aufzeichnungen immer sehr lang, weil die Protagonisten für gewöhnlich erst mal warmlaufen müssen und es wichtig ist, eine Verbindung aufzubauen. Es ist schwer, sechs Stunden lang fokussiert zu sprechen. Und es ist nahezu unmöglich, wenn im Hintergrund zwei Menschen währenddessen Sex haben.

Ich schreibe „Sex haben". Das stimmt nicht ganz. Es war so, dass sich zwei Pornodarsteller dazu bereit erklärt hatten, von denen einer sehr schlank (und ein bisschen erschöpft) war und die andere sehr neu im Geschäft. Er war zwar Kameras gewohnt, aber nicht, dass ein ganzes Team aus Frauen mit großen Augen zuschaute und auf Action wartete. Unser aller Blicke (es war schon Stunde vier des Drehs) waren deshalb so aufmerksam, weil sich sein Arbeitstempo auch auf unser Arbeitstempo auswirken würde. Je schneller er performen würde, desto eher konnten auch wir abschließen. Was wiederum die Bestätigung für dieses uralte Wissen war: Zu viel Druck und Erektion funktionieren einfach nicht.

Die sexuellen Handlungen im Hintergrund sollten verwischt die Fantasien der Protagonistin symbolisieren. Da das Paar nur in der Unschärfe zu sehen war, hätte es gereicht, wenn er so getan hätte als ob, aber offenbar wollte er uns den Real Deal anbieten und fing an, hektisch an seinem Penis zu rütteln, auf dass dieser sich aufrichten möge. Um Unterstützung bemüht, streckte sie ihm ihr Hinterteil entgegen und rief dann, als er gerade so weit aufgerichtet war, dass an Eindringen überhaupt zu denken war, sehr laut: „Und jetzt Sport frei!"
Er hat an diesem Tag keinen mehr hochbekommen.

ICH BIN JETZT 31 UND HABE ANGST, DASS SEX IM ALTER IMMER SCHLECHTER WIRD. IST DA WAS DRAN?

Das fragst du mich? Alter ist eine Frage des persönlichen Empfindens. Ich kenne 20-Jährige, die schon 82 sind. Als vor Jahren der letzte Teil von „American Pie" im Kino anlief, waren seit dem ersten Film 13 Jahre vergangen. Ich war sehr gespannt, ob sie zwangsläufig aus „MILF", der „Mother I'd like to fuck", die „GILF" gemacht hatten – „Grandmother I'd like to fuck". Das hätte ein ganz neues Zielpublikum eröffnet, und auch die Filmwirtschaft ist ja immer auf der Suche nach neuen Vermarktungsfeldern.

Doch ich kann dich beruhigen. Sex wird im Alter immer besser, was zum einen daran liegt, dass man sich über ganz viel Quatsch keine großen Sorgen mehr macht, zum Beispiel ob man zugenommen hat. Männer können nicht erkennen, ob eine Frau fünf Kilo mehr oder weniger wiegt. Ich finde, Frauen sollten sich ruhig ein Beispiel an Männern nehmen. Man kann einen wirklich fülligen

Mann bitten, sich selbst zu beschreiben, und er wird in 95 Prozent der Fälle sagen: „Ich bin sehr schlank, außer vielleicht am Bauch." Zum anderen liegt es daran, dass die Intimität, die man als Mensch zulässt, im Alter immer größer wird. Sex ist dann weniger Performance-getrieben als vielmehr ergebnisorientiert. Das unterstützt auch eine Studie über die Zufriedenheit sexuell aktiver Frauen, die kalifornische Forscher im „American Journal of Medicine" veröffentlicht haben. Das Durchschnittsalter der befragten Damen lag übrigens bei 67 Jahren, was definitiv im GILF-Bereich liegt. Doch tatsächlich hatten 50 Prozent der Frauen in den letzten vier Wochen Sex, und das bei einer Orgasmuswahrscheinlichkeit von 67 Prozent. Was mich aber noch viel mehr gefreut hat zu lesen, war die Tatsache, dass 40 Prozent der über 80-Jährigen beim Sex fast immer einen Orgasmus erreichen.

Da Männer immer früher sterben, ist das GILF-Modell ein Modell für die Zukunft. Ich sehe schon Dutzende junger Männer am Arm älterer Damen durch die Straßen schlendern – beide glücklich lächelnd. Wenn man jetzt noch die Erbschaftsteuer abschafft, ist der demografische Wandel doch im Grunde genommen kein Problem mehr.

WIE BRECHE ICH GALANT EINEN ONE-NIGHT-STAND AB, DER SCHON BEIM VORSPIEL MEINEN ERWARTUNGEN SO GAR NICHT GERECHT WIRD?

Früher, so als 18-Jährige, hätte ich dir wahrscheinlich geraten, es durchzuziehen. Einfach weil ich zu feige gewesen wäre, zu sagen, dass es mir nicht gefällt. Ich habe das oft bereut. Zum Beispiel hatte ich einen Typen, für den ich schon lang geschwärmt hatte. Einmal besuchte ich ihn bei seinen Eltern, und er fragte: „Darf ich dich küssen?" Ich wollte wahnsinnig souverän und cool wirken und sagte darum fatalerweise: „Was denkst du, weshalb ich hier bin?" Dämlich. Vor allem, weil er daraus schloss: „Geil. Sex." Noch während wir herummachten, stritten zwei Seelen in mir. Die eine sagte: „Irgendwann hättest du eh mit ihm schlafen wollen." Die andere sagte: „Vielleicht aber auch nicht. Und ganz ehrlich, so dolle fühlt sich das hier nicht an. Er ist ein echt mieser Küsser, und dass er gut Gitarre spielen kann, macht jetzt wirklich keinen Unterschied. Außerdem hat er von weiblicher Anatomie überhaupt keine Ahnung." Ich zog es also durch, obwohl ich es eigentlich lieber nicht getan hätte. Um den Abend abzuschließen, bekam ich mittendrin meine Tage und fühlte mich noch unfähiger als sowieso schon.

Die Stärke, Nein zu sagen, musste ich also erst mal entwickeln. Es ist besser, so etwas schon im Kindesalter zu lernen, aber bei manchen dauert es eben etwas. Nein ist aber ein wichtiges Wort fürs ganze Leben. Und hier hast du eine ideale Chance, dein Nein noch einmal dem Praxistest zu unterziehen. Du bist also bei einem Liebhaber, der deinen Erwartungen nicht entspricht. Sofern du nicht bei der Wohlfahrt oder als Prostituierte arbeitest, hast du jederzeit das Recht, die Sache zu unterbrechen. Und bitte nicht aus Mitleid weitermachen.

Du schuldest niemandem etwas, ebenso, wie auch er jederzeit die Gelegenheit haben sollte, die Sache abzubrechen. Ungalant wäre, Dinge zu sagen wie: „Du bringst es ja wirklich so gar nicht. Hast du überhaupt schon mal eine Frau angefasst?" Galant wäre: „Weißt du, es war ein wirklich schöner Abend, aber lass es uns hier unterbrechen. Ich habe das Gefühl, wir passen nicht zusammen."

Eine gute Lüge besteht immer zu 85 Prozent aus Wahrheit.

IST SEX MIT EINEM ANIMATEUR ERSTREBENSWERT? ICH DENKE, DASS SO EINE AFFÄRE DEN URLAUB AUFREGENDER MACHT.

Im Nachhinein betrachtet, würde ich sagen, dass Urlaub ohne Animateur entspannender ist, aber es gibt Fehler, die muss man vielleicht trotzdem einmal im Leben machen. Egal, ob er Adil, Jorge oder Maik aus Wanne-Eickel heißt, du darfst nicht vergessen, dass Urlaubsflirts manchmal schwerer loszuwerden sind als Sonnenmilchflecken in der Kleidung. Ich habe hier einen kleinen SOS-Guide zur Anwendung gegen Urlaubsschäden. Wenn du ein Auge auf den Animateur deiner Wahl geworfen hast, denk immer daran, Kondome mit zum Club-Abend zu nehmen.

Flirt 1: Juan war im Club der Alpha-Animateur.

Er konnte jede haben – und hat dich gewählt. Zu deiner Überraschung will er aus Spiel Ernst machen, und kündigt sich an.
Problem: Du bist eigentlich nicht verliebt und findest seine muskulösen Arme nur vor der Kulisse Ibizas animalisch.
Lösung: Du hast jetzt drei Möglichkeiten. Erstens: Du sagst ihm die Wahrheit und ersparst ihm die Reisekosten. Zweitens: Du lässt ihn anreisen in der Hoffnung, dass sich die Leidenschaft noch einstellt. Drittens: Du stellst dich tot. Falls du das Gefühl hast, du kannst ihn nur ertragen, wenn du im Bikini am Sangria-Eimer stehst, wähle Möglichkeit eins oder drei.

Flirt 2: Gut, du hast mit diesem prolligen Typen aus Bottrop geknutscht.

Und aufgewacht bist du auch bei ihm. Aber das war doch nur ein Mal, und außerdem warst du betrunken! Jetzt pflastert er deine Facebook-Seite mit Liebeserklärungen voll.

Problem: Es ist peinlich.

Lösung: Den Kerl auf Facebook zu blockieren ist einfach. Aber was tust du, um die Sache deinen Freunden zu erklären? Sei ruhig kreativ! Ein Wettbewerb um einen Gratisurlaub, in dessen Verlauf du dir den Kopf angestoßen und von besagtem Typen gerettet wurdest zum Beispiel. Ist schließlich nicht deine Schuld, wenn der Typ so ein ausgeprägtes Helfersyndrom hat!

Flirt 3: Tauchlehrer sind dein Kryptonit. Egal, wie er aussieht.

Problem: Zu Hause wartet ein Typ auf dich, mit dem es vielleicht was werden könnte. Schade nur, dass besagter Tauchlehrer nicht nur deine Handynummer besitzt, sondern auch noch einen hübschen Handabdruck auf deinem Po hinterlassen hat.

Lösung: Aussitzen. Handy auf lautlos stellen und eine längere Phase von „Ich wollte immer schon ausprobieren, wie sich Sex in völliger Dunkelheit anfühlt" einläuten – etwas anderes wird dir erst mal nicht übrig bleiben. Pluspunkt: Tauchlehrer haben ein kurzes Frauengedächtnis.

Flirt 4: In deinem Gepäck findet sich ein geschmuggeltes Andenken an ein paar heiße Nächte: ein sichtbar getragenes Männerhemd.

Problem: Dumm nur, dass dein Freund so gern Wäsche wäscht. Und du ihm gesagt hast, du hättest keinen Freund.

Lösung: Cool bleiben: „Diese Zimmermädchen, unglaublich! Warum steckt die mir anderer Leute Schmutzwäsche in den Koffer?" Misstrauisch: „Das ist nicht meins! Hast du etwa heimlich was mit einem Mann gehabt?" Freundschaftlich: „Schön, dass du es gefunden hast. Ich sollte es eigentlich nicht sagen, aber die Moni hat sich so verknallt, dass sie mich gebeten hat, ein Andenken für sie einzupacken. Sag es bitte nicht dem Georg, ja? Bist ein Schatz!"

Schönen Urlaub!

ICH HABE EINEN ALLERBESTEN FREUND. NUN WAREN WIR NEULICH AUF 'NER PARTY UND SO BETRUNKEN, DASS WIR MITEINANDER INS BETT SIND. ES WAR GANZ OKAY, ABER NICHTS IST MEHR WIE FRÜHER. ICH WILL MEINEN KUMPEL ABER NICHT VERLIEREN!

Manchmal denke ich, ich sollte in die Werbung gehen. Ständig fallen mir sagenhafte Slogans ein, zum Beispiel „Alkohol – macht aus Jugendfreunden unbehagliche Aufrisse mit posttraumatischem Stresssyndrom". Ihr habt eure freundschaftliche Intimität gegen eine sexuelle getauscht, und das fühlt sich jetzt blöd an. Natürlich! Von „Ich kann dir alles sagen" seid ihr plötzlich bei „Ich will dir lieber gar nichts mehr sagen, denn ich habe deinen Penis gesehen" gelandet. Und so wie das alles hier klingt, habt ihr auch gar nicht vor, es miteinander zu versuchen.

Richtig gute Freunde zu finden ist ebenso schwer, wie passende Partner zu finden. Beide haben jedoch unterschiedliche Qualitäten für dein Leben, denn dem Kumpel kannst du auch das anvertrauen, was dein Partner nicht wissen soll, zum Beispiel deine schäbigen Gedanken oder deine geheimsten Überlegungen. Vielleicht geht es nur mir so, aber meine Freunde wissen andere Details über mich als mein Partner. Wenn ich mich in der Beziehung krumm fühle oder mich auskotzen will, mache ich das bei Freunden. Wenn ich mich weiterentwickeln und etwas aufbauen will, dann mache ich das mit meinem Partner. Die Grenze ist minimal, aber absolut spürbar, und Sex zwischen Freunden verwischt diese Linie.

Ich kann hier kurz eine Geschichte zum Besten geben, wenn du magst. Jeder Idiot weiß, dass man mit guten Freunden nicht ins Bett gehen soll, aber das hielt mich nicht davon ab, es trotzdem zu tun. Wir waren allerbeste Freunde und trafen uns jeden Tag nach der Schule. Sönke half mir über Frank weg, ich half ihm über Maria weg, die so etwas wie das weibliche Gegenstück zu Frank war. Sönke war damals Waver oder Gruftie, jedenfalls hörte er seltsame Musik, umrandete sich die Augen mit Kajalstift und trug die Haare hochtoupiert zu einem riesigen Helm. Er kritzelte mir den Text von „Fütter mein Ego" (ein Lied der Einstürzenden Neubauten, soweit ich mich erinnere) auf mein Hausaufgabenheft, und hätte mich jemand bei einer Umfrage gefragt, was mein Typ Mann sei, hätte ich jederzeit auf Sönke gezeigt und gesagt: „Der da jedenfalls nicht." Auf sehr freundschaftliche Art liebten wir uns heiß und innig, und wenn wir in Urlaub fuhren, schrieben wir uns täglich Postkarten nach Hause. Ich war 17, er 19. Es war eine herrliche Zeit.

An einem Wochenende waren wir auf dem Weg nach Hause – manchmal übernachteten wir beieinander –, und wir waren ein bisschen angetrunken, aber nicht völlig von Sinnen. Ich habe keine Ahnung, wieso, aber als wir in Sönkes Zimmer ankamen, fielen wir übereinander her, ohne dass es einen Anlass gegeben hätte. Wir waren nicht einmal aneinander interessiert, vielleicht wollten wir nur ausprobieren, ob es nicht doch klappte. Es klappte natürlich nicht, das heißt, die Sache selbst klappte schon, es war wunderbar. Aber damit war alles aus. Am nächsten Morgen war mir, als würde ich neben einem Fremden aufwachen. Da wir aber beide keine Ahnung hatten, wie man mit so einer Situation umgehen sollte, machten wir einfach weiter und versuchten, so zu tun, als wären wir in einander verliebt.

Ich kann mir ungefähr vorstellen, wie sich Leute fühlen müssen, deren Ehe arrangiert wurde. Sönkes und meine Beziehung war vom ersten Tag an leidenschaftslos, die Küsse schmeckten schal wie Blumenwasser, und wir störten uns an Kleinigkeiten: Wie der andere aß oder rauchte, ging oder stand, uns war alles zuwider. Mit einem Schlag wurden wir desillusioniert wie unsere Eltern. Das ging vielleicht drei Wochen so, in denen uns jede Ausrede gut genug war, einander nicht sehen zu müssen. Und als Sönke zu unser beider Erleichterung endlich sagte, was gesagt werden musste (er sagte: „Eigentlich mögen wir uns doch viel zu gern für so was" und dehnte dabei die letzten beiden Wörter, als sei es eine ekelhafte Krankheit), da war es bereits viel zu spät. Aus den Herbstferien, die bald darauf anbrachen, schrieb ich keine einzige Postkarte, und als ich nach Hause kam, war auch mein Briefkasten leer.

In Sachen Kommunikation habe ich seitdem viel gelernt, nicht alles, aber doch genug, um derlei Verwicklungen in Zukunft schnell und diplomatisch lösen zu können. Auf gewisse Weise sind wir uns treu geblieben, Sönke und ich: Zu unseren Geburtstagen und zu Weihnachten schreiben wir uns immer noch Postkarten, und auch wenn wir uns höchstens alle zwei Jahre mal über den Weg laufen, können wir uns gut leiden. Um mit Dian Fossey zu sprechen: Wenn man den Wert des Lebens einmal erkannt hat, dann verweilt man weniger in Vergangenem und konzentriert sich mehr auf die Erhaltung der Zukunft. Move on, baby!

Bis zwischen Sönke und mir alles wieder normal war, vergingen aber bestimmt zwölf wirklich blöde Monate. Heute würde mir das nicht mehr passieren, weil der Stress einfach den Sex nicht wert ist, aber ich glaube, dass Freundschaften mit zunehmendem Alter auch mehr aushalten. Für manche Leute genügt es zu sagen: „Es war totaler Quatsch, lass uns das vergessen." Anderen hilft es, alles bis ins kleinste Detail auszudiskutieren. Ich finde es aber richtig und gesund, wenn man Bereiche in seinem Leben hat, die man individuell behandelt. Es geht nicht darum, riesige Geheimnisse vor dem Partner zu haben, aber man muss auch mal sagen können: „Der nervt mich." Und dafür sind Freunde da.

IM ALLTAG MÖCHTE ICH EINEN SENSIBLEN, LIEBEVOLLEN UND VERANTWORTUNGSBEWUSSTEN FREUND. IM BETT STEHE ICH EHER AUF GROBE HENGSTE. DAS MACHT ES ENORM SCHWIERIG, DEN RICHTIGEN MANN FÜRS LEBEN ZU FINDEN! WIE FINDE ICH IHN TROTZDEM?

Gar nicht, würde ich jetzt mal sagen. Das ist so, als würdest du versuchen, Nord- und Südpol miteinander zu verschmelzen, und das ist keine sehr gute Idee. Ich verstehe aber deine Not, denn genau diesen Mann wünschen sich fast alle Frauen.

Die gute Nachricht ist, dass es Pseudoversionen dieser fabelhaften Melange gibt. Meine Freundin hat einen Mann, der nach außen den großen Obermacker gibt und in Wahrheit bei ihr weinend den Badewannenrand hinunterrutscht, wenn keiner guckt. Er ist also eigentlich ein sehr sensibler Mann, der aber glaubt, sich im Körper eines extrem männlichen Mannes verstecken zu müssen. Das Warum hat natürlich viele Gründe. Am gesündesten ist ein Mensch, wenn er all seine Anteile, auch die scheinbar schwachen, zeigen und ausleben darf.

Ob du damit dauerhaft einen Hengst im Bett hast? Es gibt sie. Aber sie sind selten. Cleverer wäre es herauszufinden, welche Eigenschaften eines Partners am besten zu deinen dringlichsten Bedürfnissen passen. Wahrscheinlich brauchst du nämlich etwas ganz andres, als du denkst.

LIEBE PAULA, ICH SUCHE EINEN RICHTIG TOLLEN LIEBHABER. GIBT ES DA LÄNDER, DIE DU EMPFEHLEN KANNST?

Eine ähnliche Frage hat mir einmal eine Freundin gestellt, nachdem wir in einer Boulevard-Sendung einen Rollkoffertest gesehen hatten. In dem Test mussten drei Versuchsfrauen mit den Koffern herumrollern und dann feststellen, welcher der Rollkoffer der beste sei. Meine Freundin meinte, es sei lebensnaher zu testen, „von welchem Ausländer man sich im Urlaub am besten durchrappeln lassen kann".

Auch wenn der deutsche Mann als Liebhaber keinen sehr guten Ruf hat, finde ich doch, dass so ein Test eine ebenso heikle wie wirtschaftlich relevante Sache wäre, weil das Testergebnis unmittelbar Einfluss nähme auf die touristische Fortentwicklung des jeweiligen Landes. Würde man zum Beispiel behaupten, die Männer in Kroatien würden sich überhaupt nicht um die Bedürfnisse herrenlos reisender Damen kümmern – welche anständige Frau würde dann noch nach Kroatien reisen wollen? Das Ganze ist natürlich rein hypothetisch gemeint, denn tatsächlich machen die kroatischen Kerle kaum etwas andres, als sich um Frauen zu kümmern, zumindest die an der Küste.

Grundsätzlich kann man aber von einem starken Nord-Süd-Gefälle ausgehen. Isländer etwa sind für ihre Durchrappelkünste eher unbekannt, und das, obwohl sie so viel reiten. Wobei sich auf Island inzwischen trotzdem unwahrscheinlich viele deutsche Frauen niedergelassen haben, denn auf Island herrscht ein leichter Frauenmangel, und man kann sich im Grunde aussuchen, wen man will. Den besten Ruf als Liebhaber haben interessanterweise die Griechen, wobei ich ahne, dass der gute Leumund noch aus Zeiten des Olymps stammt. Deutsche Männer haben hingegen einen grässlichen Ruf in der Welt. Hört man auf die Klischees, könnte man schnell den Eindruck gewinnen, als liefen nur ungelenke, schwer konzentrierte Kerle herum, die die Leichtigkeit des Lebens längst verlernt haben.

,,Das mit den Socken im Bett – ich dachte immer, dies wäre ein Klischee. Aber sie sind wirklich so nachlässig.''
Eine Bekannte aus Argentinien

,,Entweder sie tun so, als würden sie einen gar nicht kennen, oder sie fangen vor lauter Romantik an zu heulen. Ein männlich vertretbares Mittelmaß kennen deutsche Männer nicht.'' Eine Freundin aus Italien

,,Die spanischen Männer wollen sich noch beweisen. Das hat eine unheimliche Kraft, als Frau fühlt man sich begehrt und verstanden. Die Deutschen analysieren erst die Lage, und wenn sie dann feststellen, dass einfach Sex haben okay ist, ziehen sie so ein einstudiertes 08/15-Programm durch.'' Eine Freundin, halb Spanierin, halb Deutsche

,,Deutsche Kerle machen sich ständig Sorgen um den Beziehungsstatus. Wenn man Sex hat und dann noch mal, ist man dann zusammen? Stellt die Frau dann Ansprüche an mich? So eine lockere Sexaffäre ist mit denen kaum möglich. Und außerdem: Was wäre an einer Beziehung so schlimm?'' Eine Bekannte aus den USA

,,Deutsche Männer können besser küssen als die Griechen. Aber wenn es ums Vögeln geht, haben die meisten keinen Rhythmus in der Hüfte. Wo lernen die das bloß, sich so steif zu bewegen? Habt ihr keinen Schulsport?'' Eine angeheiratete Verwandte aus Griechenland

„Komplimente machen oder kleine Präsente schenken, das können sie nicht. Für die ist Sex, als würde man mal eben zum Amt gehen. Man muss geduldig sein, ein bisschen rumsitzen, und dann bekommt man schon, was man braucht. Schlimm." Eine Freundin aus Frankreich

„Sie können nicht verführen und nicht geben, ohne eine Gegenleistung zu erwarten. Für sie ist Sex immer ein Deal, nichts, was man einfach mal tut, um die Frau um den Verstand zu bringen." Eine weitere Freundin aus Frankreich

Ich hingegen finde, die deutschen Männer machen es gar nicht so schlecht, das Liebhaber-Sein. Immerhin sind sie aufgeschlossen, aufgeklärt und natürlich, zumindest meistens. Einfach immer daran denken: Frage nicht, was die Frau für dich tun kann. Sondern frage, was du für die Frau tun kannst.

Ein französischer Bekannter erklärte mir, was faul sei an den deutschen Männern: „Zu viel Bauingenieur, zu wenig Barkeeper." Die deutschen Männer, sagte er, verführten auch im Sexuellen, als würden sie einen Staudamm planen. „Stein auf Stein, und dann klatscht man eine Menge Beton drauf, damit es auch wirklich hält." Kein Wunder, sagte der Franzose, dass die deutschen Frauen zuhauf nach Frankreich kämen, um die Liebe zu finden. „Jetzt bist du aber ungerecht", sagte ich, „sie sind nicht alle so." Er sah mich an und sagte: „Gut, vielleicht nicht alle. Aber die meisten schon. Sie halten sich für besonders schlau, wenn sie eine Frau nicht anrufen und sie anschließend so behandeln, als wäre sie ohne Bedeutung. Das würde ein Franzose mit Anstand nie tun. Es ist wichtig, dass man die Frauen im Allgemeinen liebt und es ihnen zeigt. Dann sind sie auch nicht zickig, wenn man sich am Ende für eine andere entscheidet."

Sitzen gelassen zu werden und gleichzeitig wie eine Königin behandelt worden zu sein ist tatsächlich eine Sache, die deutsche

Männer nicht beherrschen. Wenn ein Deutscher eine Frau nicht möchte, gibt er ihr entweder das Gefühl, sie ginge ihm auf die Nerven und sei sowieso unter seinem Niveau. Oder er zeigt sich zerknirscht und jammervoll, weil er doch lieber mit der anderen zusammen sein will. Ich möchte dennoch eine Lanze für den deutschen Mann brechen, nicht umsonst hat deutsche Handwerkskunst einen international soliden Ruf.

Es stellt sich trotzdem die Frage, was deutsche Männer im Urlaub machen. Untersuchungen haben gezeigt, dass es sich bei männlichen deutschen Touristen nämlich geradewegs umgekehrt verhält. Je weiter nach Norden sie vordringen, desto willkommener sind sie im Schoß der Frauen. Südspanien: geht so. Sizilien: nur etwas für Lebensmüde. Dänemark: aber hallo. Schweden: juchhu! Nicht zu unterschätzen ist etwa die Gastfreundschaft der Grönländer, die die (inzwischen etwas eingeschlafene) Tradition pflegen, einem Ankömmling als Erstes die eigene Frau anzubieten, damit der Genpool ein bisschen aufgefrischt wird. Tragischerweise sind die beliebtesten Urlaubsziele der deutschen Männer Dubai und Südportugal. Irgendwie traurig.

ICH FINDE MEINEN FREUND SUPER, EIN PAAR DINGE ABER DOOF. MEINE FREUNDINNEN SAGEN, MAN KANN MÄNNER NICHT ÄNDERN. WAS DENKST DU?

Ich denke, dass es sich mit Männern genau wie mit Diamanten verhält, nur umgekehrt. Bei Diamanten wird aus Schmutz unter Druck ein Edelstein. Männer werden unter Druck nicht zu einem Juwel, sondern zu einem Haufen Mist. Darum hilft auch alles Gezicke und Gezeter nichts. „Warum bist du so und nicht anders? Wo warst du? Wo gehst du hin? Verändere dich doch einfach!" Man kann das alles natürlich fragen und sagen, aber es bringt nichts. Was ein Mann zum Gedeihen braucht, ist das Gefühl der Freiheit. Der Trick ist einfach: Gib ihm viel Leine, dann kommt er immer wieder zurück.

Als junges Mädchen dachte ich, wenn man als Frau nur genug günstigen Einfluss auf den Mann nimmt, wird er sich schon richtig entwickeln. Ich dachte, dass es das Schicksal der Frau wäre, den Mann zu einem vernünftigen Wesen zu formen, ungefähr wie bei Knetmasse. Das stimmt aber nicht. Du musst dich damit arrangieren, dass der Lack ein paar Kratzer hat und der Motor nicht immer reibungslos läuft. Genau das Gleiche muss er ja auch bei dir tun, wobei ich weiß, dass man ja grundsätzlich großzügiger mit sich selbst ist. Ein Idiot bleibt also ein Idiot, Zeit zu investieren kann man sich sparen. Der Charakter eines Menschen ändert sich niemals. Anders ist es mit dem Verhalten. An Verhaltensmustern kann man prima arbeiten.

Nun ist das Leben vor allem eine Frage des Entwicklungsraums. Seine Sexualität zum Beispiel erfährt man am besten, indem man viel Sex hat. Die Ausführung und die Beschaffung von Sex sind ziemlich einfach, viel einfacher zum Beispiel als zu überlegen, ob man vielleicht das saudämliche Beziehungsmuster seiner Vorfahren geerbt hat und deshalb die immer gleichen Fehler macht oder schlimmstenfalls keinerlei Selbstliebe empfindet. Gleichzeitig ist Sex in Beziehungen immer ein heikles Thema. Männer haben ein etwas anderes Verhältnis zu Sexualität, und es bringt nichts, sich deshalb Stress zu machen. Du kannst zum Beispiel einem Mann in der Theorie gewisse sexuelle Freiheiten erlauben, die logischerweise dann auch für die Frau gelten (zum Beispiel auf Facebook flirten). Hat er diese Freiheit ehrlich zugebilligt bekommen, wird er erstaunlich wenig bis gar keinen Gebrauch davon machen. Ein bisschen Geschäker ist kein Grund, gute Beziehungen zu zerstören. Überhaupt ist Sex, wenn man es genau betrachtet, nicht halb so wichtig. Wirklich wichtig ist Intimität. Intimität kann man nicht kopieren. Ein Mann, der das Gefühl innerer Freiheit in der Beziehung hat, wird alles für seine Partnerin tun. Wenn sie ihm aber an der Kehle hängt wie ein Schraubstock und an ihm herummeckert, dann kann man ihm nur die Freiheit wünschen. Guck ihn dir also noch mal genau an. Magst du ihn wirklich? Dann lass ihn doch bitte einfach in Ruhe sein Ding machen.

ICH HABE MIR EINEN VIBRATOR GEKAUFT, DA MEIN MANN ÖFTER ÜBER LÄNGERE ZEITRÄUME AUSWÄRTS TÄTIG IST. NUN HAT MIR EINE FREUNDIN GERATEN, DIES KEINESFALLS MEINEM MANN ZU VERRATENN.

Es ist wahr, dass ein Vibrator einem Mann gegenüber einen gewissen Vorteil hat. Er kann eigentlich immer, er hat keinen Stress mit dem Chef (außer, wenn die Batterien leer sind), er kommt nicht zu früh, macht, was man will, und lässt seine Sachen nicht in der Wohnung herumliegen. Gleichzeitig fehlt ihm das gewisse *je ne sais quoi*, dass das Leben so schön bunt macht. Insofern kann ich mir nicht vorstellen, dass ein in sich ruhender Mann sich tatsächlich von einem batteriebetriebenen Gerät einschüchtern lässt, aber man lernt nie aus.

In einer privaten Runde gaben tatsächlich zwei in meinen Augen sehr maskuline und gestandene Freunde von mir zu, durch den Ersatzpenis etwas eingeschüchtert zu sein. „Ich bringe sie nicht so leicht zum Kommen", sagte der eine. „Das macht schon was mit mir." Der andere stimmte zu: „Manchmal habe ich das Gefühl, dass ihr Vibrator sie nie enttäuschen kann, ich aber schon." Da hilft natürlich nur eines, nämlich miteinander zu reden. Ich würde jetzt vielleicht nicht hingehen und sagen: „Der Pinke ist der kleine Peter, der in Lila heißt ‚Das Wilde Biest' und der in Schwarz ist Mustafa, der Mächtige. Die leisten mir Gesellschaft, wenn du mal weg bist, Schnucki!"

Stattdessen würde ich versuchen, den abwesenden Mann in das Spiel mit dem Fernbeziehungssex einzubinden. Es gibt ganz tolle App-betriebene Spielzeuge, die der andere aus der Ferne steuern kann. So ist es für ihn ein bisschen so, als wäre er dabei. Und das wiederum wird ihn nicht eifersüchtig machen, sondern stolz.

LIEBE PAULA, MANCHMAL BIN ICH NICHT SICHER, OB ICH MEINEM PARTNER ALLES SAGEN DARF. WO IST DENN DA DIE GRENZE?

Das kommt natürlich darauf an, was du ihm sagen möchtest. Ist es etwas, das dir wichtig ist oder für eure Beziehung entscheidend? Oder spielt es eher ins Beleidigende, weil du eigentlich keinen Respekt vor ihm hast?

Wenn es so etwas ist wie „Wenn wir bald nicht mehr vögeln, dann ist Schluss" oder „Danke für sechs Jahre echt schlechten Sex", dann schlage ich vor, deine Wortwahl noch einmal zu überdenken. Allgemein sollte das gesprochene Wort dem anderen nicht das Gefühl geben, dass er oder sie eine Pfeife ist. Problemzonen wie „Ich hätte gern mal Sex mit dir, wenn du nüchtern bist" oder „Meine Vagina ist kein Rubbellos" hingegen beziehen sich relativ sachlich auf das aktuelle Geschehen und bedürfen sofortiger Klärung.

Allgemein befürworte ich offene Kommunikation mit positiven, optimistisch stimmenden Argumenten. Statt „Wenn wir nicht bald mehr vögeln, dann ist Schluss" könnte man zum Beispiel sagen: „Wie sehen eigentlich deine Bedürfnisse aus? Wie du weißt, bin ich ja jemand, der immer will, aber ich will natürlich nicht über deine Wünsche hinweggehen." Und anstelle von „Könntest du bitte aufhören, mir auf die Vagina zu klopfen? Da wird keiner aufmachen!" vielleicht eher so etwas wie „Weißt du, was ich neulich gelesen habe? Dass der beste Handjob so geht" (nimmt Hand und führt sie).

Im Grunde geht es nur darum, für euch ein vertrauensvolles Umfeld zu schaffen. Und wenn es Orgasmusschwierigkeiten gibt, dann muss man das unbedingt sagen! Wenn du eigentlich keine Lust mehr auf die Beziehung hast, dann vertrödle nicht wertvolle Monate oder Jahre. Das schuldest du auch dem Partner, der seine Zeit nicht mit jemandem verschwenden sollte, der keine Lust auf ihn hat. Denk immer daran, dass du vermutlich nur einmal lebst. Dann ist es gar nicht mehr so schwer.

Da hätte ich noch was! Sexuelle Erweckungserlebnisse

„Martin und ich waren fünf Jahre zusammen, da habe ich ihn mal gefragt: ‚Wenn Du 60 Sekunden hättest, um deinen wichtigsten Besitz zu packen und wegzurennen, was würdest du nehmen?' Er darauf: ‚Das Laptop und das Handy, da sind doch alle wichtigen Informationen drauf. Und den Flachbildfernseher, der ist ja noch ganz neu.' Neues Auto, Eigentumswohnung, alles, womit wir zeigen konnten, wie hart wir arbeiteten, war uns recht. Um uns ging es schon lang nicht mehr. Nach einer Party bin ich mit einem Typen in seine Wohnung gegangen. Lange Haare, Gitarre, Lagerfeuer, das ganze Hippieprogramm. Der Sex war sehr behutsam, er hat mich so berührt, als wäre ich ein kostbares Kunstwerk. Als ich nach Hause kam, war ich sehr verwirrt. Martin hat gleich gewusst, was los war.

Wir haben viel zusammen geheult, und als wir damit fertig waren, haben wir geschaut, was überhaupt noch übrig ist von uns. Ohne eine Paarberatung wären wir wahrscheinlich kaputtgegangen. Heute ist uns nichts wichtiger als unsere Partnerschaft. Im Grunde war der Seitensprung ein absoluter Glücksfall." Simone, 32

„Sex mit Thorsten? Öde. Zimmer abdunkeln. Spontanerektion, kurz fummeln, vier-, fünfmal rein und raus, dann ein Seufzer. Leben mit Thorsten? Auch öde. Ich wollte immer Beteiligung: ‚Wie findest du dies, wie das?' Und er immer nur: ‚Ja, das ist doch ganz okay so, oder?' Nee. Da fühlt man sich ja wie lebendig begraben. Leider sieht man das erst hinterher. Warum war ich drei Jahre mit so einem zusammen? Das frage ich mich heute noch.

Frank war ja komplett anders. So ein sexy Teilzeitmusiker und ich die hechelnde Hündin vor der Bühne. Ich hatte da so einen Durst auf Abenteuer! Die ganze Anmache lief nur über Augenkontakt. Das hatte ich auch noch nie, dass mich jemand mit den Augen ausgezogen hat. Dass ich mit zu ihm gehe, war dann gar keine Frage mehr. Der Sex war hart, der Schweiß ist nur so gespritzt. Wow, jetzt bin ich gerade entjungfert worden, dachte ich danach. Zumindest fühlte es sich so an.

Danach war an ein Leben mit Thorsten gar nicht mehr zu denken. Ich habe mir zwei Wochen später eine Wohnung gesucht und endlich angefangen zu leben. Für ihn war die Trennung ein Drama, für mich die totale Erleichterung.

Neulich haben wir uns auf der Straße getroffen. Was er gesagt hat? ‚Du hast mir mein Leben versaut.' Da habe ich gesagt: ‚Im Gegenteil. Ich habe jedem von uns endlich wieder eine Chance gegeben.' So ist es doch." Annie, 25

„*Ich bin ja eigentlich eine Romantikerin, ich reiße mir nicht einfach so einen Mann auf. Aber als ich Marcello gesehen habe, diese fantastische Nase, diese weißen Zähne, überhaupt sein ganzes wunderschönes Wesen, da ist in mir eine Sicherung durchgebrannt. Es hat sich angefühlt, als würde es Klick machen, und dann musste ich einfach zugreifen. Er verdient sehr gut, zumindest hat er das gesagt, und so konnten wir uns gleich ein Zimmer in der Stadt nehmen. Und dort hat er mich nach allen Regeln der Kunst verführt. Ich habe mich gefühlt, als wäre ich Casanova selbst in die Hände gefallen, eben einem Mann, der die Frauen zutiefst verehrt. Als sich unsere Lippen das letzte Mal voneinander lösten, fühlte ich mich trotzdem nicht wie eine Betrügerin. Und das, obwohl Philipp und ich da schon vier Jahre zusammen waren und uns immer treu gewesen sind.*
Ich habe zwei Tage gebraucht, bevor ich diesen Satz aussprechen konnte: ‚Ich habe mit einem anderen geschlafen.' Philipp ist richtig das Gesicht verrutscht. Und dann haben wir geredet, geredet und noch mal geredet. Dass er auch manchmal Begehren für andere spürt. Und dass er auch schon darüber nachgedacht hat, über Sex mit einer anderen Frau. Wir haben beide gefühlt, dass ein sexueller Seitensprung einer Liebe nicht das Genick bricht. Das klingt jetzt komisch. Aber erst seit wir dieses klassische Anspruchsdenken aufgegeben haben, sind wir uns wirklich richtig nahe." Gilla, 29.

MEIN FREUND HAT NACH DREI JAHREN MIT MIR SCHLUSS GEMACHT. ICH BIN NICHT VERRÜCKT, TROTZDEM WILL ICH UM IHN KÄMPFEN. DENKST DU, DAS LOHNT SICH?

Wenn du eine Freundin fragen würdest, ob es sich lohnt, um den Mann zu kämpfen, der dich gerade verlassen hat, und es sich dabei um eine liebe, nette Freundin handelt, die es gut mit dir meint, wird sie vermutlich sagen: „Das kommt darauf an." Das ist eine aufrichtige, eine vernünftige Antwort, leider auch eine völlig unbrauchbare. Natürlich kommt es darauf an, es kommt immer drauf an. Lohnt es sich um einen Egoisten zu kämpfen, um jemanden, der keine Partnerin, sondern einen Fan, eine Mutter, eine Trophäe sucht, der Romantik für etwas hält, das mit Kerzen, Kenny G und goldener Satinbettwäsche zu arrangieren ist? Nein, es lohnt sich nicht. Leider ist es so, dass Menschen, die sich fragen, ob es sich lohnt, um einen Partner zu kämpfen, diese Frage für sich schon längst beantwortet haben. Im Grunde möchtest du wissen, wie du es anstellen sollst. Eines kann ich dir vorab sagen: Es tut garantiert verdammt weh, wenn es nicht klappt. Du wirst meinen virtuellen Küchentisch vollweinen, mich nachts um vier anschreiben, aber okay, ich begleite dich in die Schlacht.

Entscheidend ist, dass du dir klar wirst, in welcher Situation du gerade bist. Du musst einen Mann erobern. Dabei spielt es erst mal keine Rolle, ob du vorher mit ihm zusammen warst oder nicht. Ihn zu erobern bedeutet, dass du so anmaßend und selbstsicher sein musst, zu glauben, dass du besser weißt als er, was gut für ihn ist. Dein Traummann ist ein toller Kerl, das musst du dir sagen, nur leider mangelt es ihm an etwas, was du Glückskompetenz nennen kannst. Ihm fehlt die Fähigkeit, zu erkennen, wie gut es für ihn wäre, mit dir ein Paar zu bilden. Mangelnde Glückskompetenz, das ist sein Problem.

Eine Eroberung – gerade in der Liebe – geht immer mit einer Niederlage einher, in diesem Fall seiner Niederlage. Man sagt, dass die Liebe ein Kampf, ein Ringen sei, gut, dann mach sie zu einem Krieg. Wahrscheinlich bist du gerade verliebt, erfüllt mit romantischen Gefühlen, Herzklopfen, seine Existenz überlagert alles, richtig? Schlecht. Das alles kannst du gerade so gut gebrauchen wie eine Hepatitis C. Unterdrücke es. Mach eine leidenschaftslose Aufgabe daraus, ein Projekt, auch wenn das schwer ist. Ihn erobern heißt: du Alexander der Große, er das Persische Reich. Wenn du dich entschließt zu kämpfen, dann richtig.

Zum Kampf kann durchaus gehören, dass du ihm ehrlich sagst, was du fühlst. Es kann heißen, dass du ihm Geschenke machst, ihn umgarnst, Liebesbriefe, Mails schickst und solche Sachen. Fein dosiert natürlich, in homöopathischen Dosen. Es muss beiläufig wirken. Du bist trotzdem eine unabhängige Frau, die ihn eigentlich nicht braucht. Du wirst sehen, wie schwer das ist, wie mutig man sein muss. Allerdings solltest du nichts aus einer Laune heraus tun. Launen und spontane Eingebungen sind keine Freunde, kalte Entscheidungen und Geduld sind es. Überlege dir kühl, wann der Moment für ein Liebesbekenntnis richtig ist, und wenn du sicher bist, dass der Augenblick gekommen ist, warte noch einen Tag.

Tu nicht das, was man von verliebten Exfreundinnen erwartet. Schlafe nicht mit seinem besten Freund, um dich zu rächen. Keine Anrufe mitten in der Nacht, betrunken wie zehn Matrosen. Triff ihn nicht immer mal wieder zufällig auf der Straße, weil du ihm aufgelauert hast. Es gibt keine Zufälle, es gibt nur den Verdacht, dass du eine irre Stalkerin bist. Frage dich nicht, ob dein Telefon kaputt ist, Telefone sind die zuverlässigsten Elektrogeräte, die es gibt. Eher streiken der Toaster und die Waschmaschine. Wenn er nicht anruft, liegt es nicht am Telefon. Er ist auch nicht gerade zu beschäftigt. Man ist nie zu beschäftigt, um den Menschen anzurufen, der einem alles bedeutet. Mach dir das bewusst, und lass ansonsten all die Dinge aus, die man normalerweise tut, wenn man gerade verlassen wurde und es nicht fassen kann.

Wenn du ihn wiederhaben willst, geht das nur auf eine Weise. Etabliere Nähe. Diese Nähe kannst du Freundschaft nennen, leider bleibt dir sowieso nichts anderes übrig. Du kannst einfach dieses „Wir können Freunde bleiben" sagen.

Triff dich mit ihm, und tu Dinge, die ihr bisher nicht miteinander getan habt. Erlebe etwas, lenke ihn (und dich) ab, versuche, Spaß in seiner Nähe zu haben. In seiner Gegenwart gilt Schmachtverbot. Er vermutet vielleicht, dass du hinter ihm her bist, soll er ruhig. Nur wissen darf er es nicht. Du bist in einer Situation, in der du nicht mehr allzu viel Würde hast, das weißt du selbst, aber lass ihn das nicht spüren. Sei natürlich, verstell dich nicht. Versprich nichts, was du nicht halten kannst. Versuche, dich nicht in irgendetwas zu verwandeln, von dem du glaubst, dass er es gern hätte.

Nutze die Treffen, um dich zu fragen, ob es Sinn macht, so zu leiden – oder ob es kleine Fortschritte in deinem Sinne gibt. Sei kühl, dazu gehört auch, dass du auf keinen Fall mit ihm schläfst. Das hat mit Eroberung nichts zu tun, sondern mit Selbstachtung. Das Einzige, was du mit Sex eroberst, sind seine Hormone, das sollte dir aber nicht genügen. Natürlich wird das alles eine Qual werden, aber das weißt du ja jetzt vorher. Vergiss nicht: Du köchelst deine Beziehung auf einer sehr kleinen Flamme wieder auf, und du weißt nicht, ob am Ende etwas herauskommen wird, was dir gefällt.

Pathologisch wird es, wenn klar ist, dass dein oder sein Verhalten von Vorgängen aus der Kindheit bestimmt wird. Wenn zum Beispiel jemand von den Eltern ständig abgelehnt wurde und sich deshalb immer Partner sucht, die ihn eigentlich ablehnen, dann hör auf zu kämpfen und such dir professionelle Hilfe. Versteh mich richtig, ich bin im Prinzip immer für die Liebe, also für das Kämpfen. Das hat ja auch etwas Reizvolles. Du solltest dich aber immer fragen: Ist das jetzt Sport, Zuneigung oder schon Liebeswahn?

Sollte sich irgendwann herausstellen, dass er sich nicht erobern lässt, dass er eine Windmühle ist und du Don Quijote, musst du aufhören. Zum Kämpfen gehört, dass man erkennt, wann man aufgeben muss. Du hast es versucht. Deine Chancen standen schon die ganze Zeit schlecht, mehr kannst du nicht tun. Du bist in die Schlacht gezogen, hast gekämpft und verloren – aber du stehst noch. Achte darauf, dass dir das niemand nimmt. Auch kein Mann, von dem du geglaubt hast, dass es sich lohnt, um ihn zu kämpfen.

SEX IST JA SCHÖN UND GUT. ABER WIE MACHE ICH MIT JEMANDEM VERNÜNFTIG SCHLUSS, MIT DEM ICH EINE RICHTIGE BEZIEHUNG HABE?

Wenn mich jemand fragt, ob ich an die unendliche Liebe glaube, an das ewige „Und sie lebten glücklich bis an ihr Ende", muss ich daran denken, was meine Großmutter immer gesagt hat: „Beziehungen sind eine endliche Sache. Mach dir nichts draus, wenn es nicht klappt. Es gibt mindestens zwei Dutzend Männer, die ebenso gut passen."

Als ich jung war, machte man Schluss, indem man mit zerknirschtem Blick bei dem anderen im Zimmer saß oder auf einer Parkbank und umständlich erklärte, warum das Leben so nicht und schon gar nicht mit ihm weitergehen könne.

Die heutigen Top-Ten-Trennungsgründe laut einer Studie von ElitePartner sind:

- **Wir haben uns auseinandergelebt.**
- **Wir waren zu unterschiedlich.**
- **Das Geben und Nehmen war nicht ausgeglichen.**
- **Wir hatten unterschiedliche Bedürfnisse nach Nähe und Freiraum.**
- **Wir konnten nicht miteinander reden.**
- **Einer von uns ist fremdgegangen.**
- **Unsere Sexualität ist eingeschlafen.**
- **Wir hatten keine gemeinsamen Ziele.**
- **Es fehlte die gegenseitige Unterstützung.**
- **Einer von uns hat sich in jemand anderen verliebt.**

Ulkigerweise haben sich die Trennungsgründe in den letzten 40 Jahren praktisch nicht verändert. Und auch die Floskeln nicht, die Menschen zum Schlussmachen benutzen. Es soll tatsächlich Leute geben, die die Sätze „Es liegt nicht an dir, sondern an mir" und „Lass uns Freunde bleiben" aussprechen können, ohne rot zu werden.

Jemandem zu sagen, dass man ihn nicht mehr liebt, wird nicht leichter, nur weil man erwachsener wird. Dabei ist das mit fast allen Dingen so, die man lernt. Streiten, Sex, Kochen, irgendwann hat man kapiert, wie die Dinge laufen. Mit dem Schlussmachen ist es genau andersherum. Je mehr man dazulernt, desto schwerer wird es, weil einem das ganze Ausmaß der Verletzung umso deutlicher wird, je mehr man das menschliche Wesen begreifen lernt. Wer Schluss macht, verbietet dem anderen, vom großen Happy End zu träumen. Das Problem mit Beziehungen ist nur, dass sie fast immer endlich sind. Irgendwann kommt man an den Punkt, wo man den anderen nicht mehr sehen kann, und ab da wird es unangenehm. Wie soll man so etwas in sinnvolle Worte fassen? Abneigung ist ja meist kein aktenkundiger Zustand, sondern nur ein nicht präzise zu beschreibendes Gefühl. Man will nicht mehr. Das ist eben so. Fertig.

Als ich das erste Mal Schluss machte, war ich ungefähr zehn. Der schnuckelige Danny und ich hatten uns eine Weile Zettel hin und her geschoben. „Ich bin in dich, bist du auch in mich?", das übliche Programm eben. Es hieß immer nur „Ich bin in dich", das Wort „verknallt" gab schon zu viel preis, und ich schätze, dass wir uns einredeten, es wäre weniger peinlich, wenn wir es einfach wegließen. Irgendwann kam es zu der unvermeidlichen Frage auf einem blassgelben Zettel: „Willst du mit mir gehen? Ja, nein, vielleicht." Natürlich kreuzte ich „Ja" an, das war Ehrensache. Nach ein paar Tagen fand ich den Zustand unerträglich, ich fühlte mich in meiner persönlichen Freiheit beschränkt und hatte mich zwischenzeitlich umorientiert. Eine neue Liebe ist schließlich der ultimative Schlussmachgrund. Das Problem war nur: Wie sollte ich das Gespräch aufziehen? Miteinander gehen bedeutete damals für uns nicht ein Mehr an Kommunikation, sondern ein Weniger. Wir waren so beschämt über diese plötzliche, durch ein Kreuzchen ausgelöste Intimität, dass wir uns aus dem Weg gingen, wo wir nur konnten. Irgendwann schrieb ich auf einen Zettel: „Ich bin nicht mehr in dich, ich bin jetzt in Sebastian" und zwei Tage später ging Danny mit der blonden Anna und blieb mit ihr ewig zusammen, auf jeden Fall, bis die Sommerferien begannen.

Das Problem mit dem Schlussmachen ist immer, dass man die Botschaft überbringen muss, ohne sein Gesicht zu verlieren oder das Selbstwertgefühl des anderen zu beschädigen. Unsere ersten Versuche waren grob und unsensibel, und wir gaben uns in den Pausen gegenseitig Rat, wie man „es" am besten rüberbrächte. „Du musst auf alle Fälle cool dabei aussehen", sagte Mona. „Sonst denkt er noch, dass du traurig darüber bist." – „Genau", sagte Alexandra, „aber man muss es richtig sagen, sonst klappt es nachher nicht." Sie sprach aus Erfahrung. In ihrem Trennungsgespräch mit Sebastian (wir wechselten die Jungs regelmäßig, so viele gute gab es nicht) hatte sie sich irgendwie unklar ausgedrückt und so den Weg für eine neue Beziehung fast zwei Wochen lang blockiert – es dauerte ewig, das Durcheinander aufzuklären. Wenn die Jungs mit uns Schluss machten, taten sie dies, indem sie in grimmiges Schweigen verfielen, in der Hoffnung, wir würden die Zeichen richtig deuten. So brachten wir einen Teil der Schulzeit herum.

Immerhin hatte ich gelernt, dass es Arten gibt, auf die man keinesfalls Schluss machen sollte, es sei denn, man hat sowieso vor, auszuwandern oder unterzutauchen. Als ich in der Pubertät das erste Mal Schluss machte, war ich in der Lage, ein richtiges Erwachsenengespräch zu führen. Er hatte mich mit seiner Exfreundin betrogen, und nach kurzem Für und Wider zitierte ich ihn zu mir und schickte ihn mit einem Arschtritt zurück in die zugige Welt der Singles. Man kann nicht behaupten, dass ich mich danach gut fühlte, im Gegenteil, ich fühlte mich so mies wie noch nie in meinem Leben. Aber Fremdgehen, da waren wir Mädchen uns einig, war nicht verhandelbar. Trotzdem verfluchte ich mich, weil ich Schuldgefühle hatte. Was, wenn ich aus reiner Kleingeistigkeit den Mann meines Lebens verjagt hatte? Würde ich jemals wieder vorurteilsfrei lieben können? Auch das ist eine Seite des Schlussmachens: nicht wissen, ob danach überhaupt noch ein Kapitel kommt.

Die Jahre vergingen. Ich las eine Menge Frauenzeitschriften und versuchte, fürs Leben dazuzulernen. „Wie Sie den Mann für die Ewigkeit finden!" oder so ähnlich stand in fast jeder Ausgabe. „So werden Sie ihn wieder los!" stand leider in keiner. Schluss machen blieb eine Quälerei. Verlassen werden war dagegen geradezu okay. Man sparte sich die Selbstvorwürfe, die zermürbenden Tage zwischen Entschluss und Ausführung und außerdem das Gefühl, dem anderen das Leben versaut zu haben, zumindest kurzfristig. Die Ansprüche waren ja gestiegen. Ich machte nicht mehr mit jemandem Schluss, mit dem ich ins Kino gegangen war und Sex gehabt hatte, bis es keinen Spaß mehr machte. Inzwischen machte ich mit Leuten Schluss, mit denen ich die wesentlichen Eckdaten des Erwachsenseins diskutiert hatte (Kinder, Haus, Lebensversicherung), wenn auch häufig nur im Suff. Die Möglichkeit, mit der Person einmal Kinder zu haben, machte die Schlussmacherei verdammt heikel. Als ich zum Beispiel mit Robert Schluss machte (auch hier keine Darlegung der Tatsachen, mehr ein genuscheltes „Ich glaube, es läuft nicht mehr so") und ihm seinen Verlobungsring zurückgab, hatte ich noch ein Jahr danach das Gefühl, den Dingen einen Drall zum Negativen hin gegeben zu haben. Die monatlichen Anrufe seiner Mutter, in denen sie nicht müde wurde, zu betonen, dass er immer noch nicht der Alte sei, machten die Sache nicht besser.

Liebesentzug ist im Wesentlichen eine Frage des Egos, und nur in zweiter Linie eine des Herzens. Erstens für den Schlussmacher, weil er eine Weile zähneknirschend durch die Gegend laufen muss. Zweitens natürlich für den Verlassenen, der damit klarkommen muss, dass ihn ein anderer für nicht gut oder passend genug empfunden hat. An den Brocken hat man mal kürzer, mal länger zu kauen, und die Größe des Schmerzes hat rein gar nichts damit zu tun, ob man sorgfältig abserviert wurde oder einfach fallen gelassen. Als zum Beispiel Konrad mit mir Schluss machte (nach drei Wochen, ohne das ganze Ehe-Kinder-Haus-Gerede natürlich), fühlte ich mich wesentlich verletzter als nach der Sache mit Simon (acht Monate, Kinder: ja, Haus: nein), obwohl mich Simon, dem ich mich sehr nahe gefühlt hatte, mies aus dem Rennen geworfen hatte, und Konrad haarklein seine Bedenken dargelegt hatte.

Es gibt eine allgemein anerkannte Art, wie man Schluss zu machen hat: Man muss ehrlich sein, man darf den anderen nicht belügen, und man sollte das Ganze in vertrauter Umgebung vollziehen und keinesfalls auf stilistische Hilfsmittel wie ein Treffen im „Café Solo" zurückgreifen. Es hilft, wenn man im Moment des Schlussmachens nicht längst neu gebunden ist. Trotzdem kann man bei aller Fairness das Ausmaß des Schmerzes und der Beleidigung nicht vorausberechnen. Das Hässliche an der Tat bleibt, egal, wie geschickt man sich anstellt. Ich nehme an, dass ist der wahre Grund, warum Leute heiraten: die Hoffnung, nie mehr Schluss machen zu müssen.

Der Spruch „Lass uns Freunde bleiben" hilft einem auch nicht. Früher war es einfach, diesem Satz aus dem Weg zu gehen. Man wechselte einfach die Clubs und die Kneipen (im schlimmsten Fall mussten auch ein paar gemeinsame Freunde dran glauben) und machte so weiter wie bisher. Heute sind wir auf Facebook, Twitter, Instagram oder Snapchat mit unseren Exfreunden verbunden und haben so auch nach der Trennung die totale Kontrolle über deren Leben. Eine Studie hat gezeigt, dass man anhand eines Facebook-Profils mit nahezu 100-prozentiger Treffsicherheit ein umfassendes Psychogramm des Profilbesitzers anfertigen kann – ohne ihn zu kennen. Im Fall der Akte Ex bedeutet das: Selbst wenn derjenige sich auf Facebook zurückhält, kann man doch interpretieren, wie es ihm gerade geht. Warum zum Beispiel postet er Picknickplätze, an denen er den Sommer genossen hat, obwohl der doch Picknick verabscheut (wer ist sie?)? Warum sind auf Instagram plötzlich so viele Fotos von Jazzkonzerten zu sehen, wo er doch früher lieber Electro gehört hat (wer ist sie?)? Wieso sitzt er laut Snapchat seit neustem immer in diesem plauschigen Spießer-Café, über das er früher sonst Witze gerissen hat (WER ZUM TEUFEL IST SIE???)? Wir leben leider in einer Welt, in der unsere Exfreunde überall sind: Sie tauchen plötzlich auf WhatsApp auf, sie hören die gleichen Lieder wie du auf Spotify, ihre neue Partnerin liebt es, auf Tumblr erotische Fotos des gemeinsamen Liebeslebens zu posten, und du fragst dich nur eines: Wieso hat er diese Stellung früher nicht hinbekommen? Heute Schluss zu machen bedeutet, zusätzlich noch ungefähr zwei Dutzend mediale Drähte zu kappen, und selbst das ist manchmal nicht genug. Zum Beispiel dann, wenn der Spitzname des Ex in der Autokorrektur des Telefons auftaucht – wann nur hat man angefangen, diesen Namen so oft zu tippen? Exmänner, das können natürlich auch kurze Begegnungen sein. Der Typ aus dem Urlaub vor sechs Jahren, der leider, leider diese wahnsinnig peinlichen Bilder von einem hat und ständig im Scherz damit droht, sie bald in seinem Blog hochzuladen.

Wer heute Schluss machen will, tut das vor allem, indem er Listen löscht, Leute blockiert und Freundschaftsanfragen ignoriert, zum Beispiel von neuen Partnerinnen längst vergangener Männer, die es als tief greifende Gemeinsamkeit ansehen, dass man den gleichen Penis in der Hand hatte. Neun von zehn Facebook-Usern bleiben auch nach der Trennung noch mit den Ehemaligen befreundet, immer in dem Risiko, plötzlich zu neuer Aktualität zu gelangen, vor allem, wenn der andere betrunken ist. Sogenanntes *drailing*, eine Mischung aus den Worten „drunk" und „mailing", ist nämlich einer der großen Fallstricke des modernen Beziehungsmenschen. Besoffen und einsam einem Typen zu schreiben, seine Bilder zu liken oder wahllos seine Tweets zu retweeten kann unangenehme Folgen haben. Meine Freundin Vivien brauchte ganze drei Wochen, um ihrem Ex glaubhaft zu versichern, dass sie keine Zweifel an der Trennung hatte, sondern wirklich nur einen über den Durst getrunken hatte. Dabei besteht das Handbuch der tüchtigen Frau im Wesentlichen aus drei Glaubenssätzen:

- **Geh nicht einkaufen, wenn du hungrig bist.**
- **Triff dich nicht zum ersten Mal, wenn du rallig bist.**
- **Geh auf keinen Fall online, wenn du betrunken bist.**

Die moderne Social-Media-Sadomasochistin hält sich natürlich nicht daran. Wie meine Freundin Clara, die mich eines Tages auf WhatsApp mit einer Art Liveberichterstattung von der Verlobungsparty ihrer großen Liebe bombardierte. „Oh mein Gott, jetzt trinken sie Champagner!", schrieb sie. „Ich dreh durch, jetzt tanzen sie auch noch Salsa, er hasst Salsa!!!" Sie saß vor dem Rechner und klickte im Sekundentakt Fotos durch, die Michaels Kumpels auf Facebook posteten.

Schluss machen ist heutzutage wie ein Murmeltiertag. Wenn wir wollen, können wir das Trauma, die Schmach, die Schande oder auch die Erleichterung des Getrenntseins unzählige Male wiederholen. Auf Fotos klicken, den Onlinestatus verfolgen, auf Skype seufzend das grüne Häkchen anstarren. Oder man zieht einfach einen Schlussstrich. Kontakt löschen? Ja, bitte.

ICH GLAUBE, ICH ÜBERLEBE DIESE TRENNUNG NICHT. HILF MIR BITTE!

Es gibt jetzt zwei Möglichkeiten. Entweder du ziehst dich zurück und leidest. Oder du versuchst, die Sache auf Teufel komm raus positiv zu sehen. Sag nicht: „Meine Beziehung ist gescheitert." Sag lieber: „Unsere Zeit ist einfach abgelaufen." Das hilft dir, so albern es klingt, den Schmerz und im Zweifelsfall auch die Schuldgefühle in Schach zu halten.

Die Menschen begegnen einander und trennen sich wieder. Woran wir uns klammern, sind Sicherheit und Vertrautheit, auch wenn es nicht gut für uns ist. Eine Trennung ist immer ein Schock für beide. Eigentlich müssen ein paar Monate absoluter Funkstille sein. Dann kannst du objektiv sehen, ob du überhaupt noch

Kontakt willst. Klar ist: Je besser dein Verhältnis zu dir selbst ist, umso schneller verdaust du eine Trennung. Viele Frauen, die sich getrennt haben, haben zu mir gesagt: „Ich wünschte, mein Mann wäre Trinker oder würde mich schlagen, dann würde es mir leichter fallen." So etwas Ähnliches sagen auch Frauen, die verlassen wurden: „Wenn ich nur etwas grundlegend Schlechtes sehen könnte, dann würde es mir nicht so schwerfallen."

Das Wichtigste ist jetzt, am Alltag teilzunehmen. Die ersten Schritte in ein neues Leben fühlen sich immer komisch an. Angst, allein zu sein, mit alten Gewohnheiten zu brechen – dagegen hilft es, Sport zu machen, zum Friseur zu gehen, sich ein schickes Kleid zu kaufen. Jeder Tag, an dem du es dir selbst schön machst, ist ein Sieg über die Trauer.

Such dir eine Trennungsfreundin oder einen Trennungsfreund, bei dem du für ein paar Wochen allen Ballast ungestraft abwerfen darfst. Keine Sorge, Freunde sind hart im Nehmen. Wichtig ist, dass du nicht rückfällig wirst. Sex mit dem Ex wirft dich in deinem Fall um Lichtjahre zurück und sorgt für ein heilloses Durcheinander. Ruf nicht an, denk nicht darüber nach, und vernachlässige deine Aufgaben nicht. Und wenn du einen Monat durchgehalten hast, kaufst du dir etwas wirklich Schönes zur Belohnung. Eines Morgens, auch wenn du dir das jetzt nicht vorstellen kannst, wirst du dich wundern, so hoffnungslos gewesen zu sein. Wirklich!

SEX-TECHNIKEN – WIE GEHT WAS?

*Gut gewappnet mit
Praxiswissen zu lustvollem Küssen,
Squirten, Blowjob und mehr*

HIER GIBT'S JETZT ERST MAL DIE ULTIMATIVEN KNUTSCH-STANDARDS

Regel Nummer 1: Atmen nicht vergessen. Durch die Nase atmen, aber nicht bei Schnupfen.

Am Anfang wäre ich tatsächlich ein paarmal fast erstickt, weil ich nicht genau wusste, wann man und vor allem wie man Luft holen sollte. Das führte dazu, dass ich mich manchmal anhörte, als wäre ich gerade von einem Apnoe-Tauchgang an die Oberfläche zurückgekehrt. Die Nasenatmung bei Schnupfen hatte ich tatsächlich auch einmal ausprobiert, leider besteht die Gefahr der Blasenbildung. Bei Schnupfen: nicht knutschen.

Regel Nummer 2: Unauffällig Schlucken nicht vergessen.

Das klingt banal, aber ich war manches Mal in Situationen geraten, in denen ich mich fühlte, wie man sich wahrscheinlich beim Waterboarding fühlt. Oder zumindest beim Zahnarzt, wenn die Assistenz die ganze Zeit an der falschen Stelle saugt und man fühlt, wie sich eine unheilvolle Menge Speichel direkt vor der Luftröhre anzusammeln scheint. Panik steigt auf, und man will um sich schlagen. Außerdem hatte ich eine Zeit lang ganz komische Bilder im Kopf, weil mein Schulfreund Christian mir erzählt hatte, wie irre viele Bakterien man sich beim Küssen so hin und her schiebt. Das wollte ich auf keinen Fall. Also lernte ich, in kleinen Schlucken zu schlucken. Zum Glück nimmt der Speichelaufwand später ab. Puh.

Regel Nummer 3: Nicht sabbern!!!

Hier habe ich mehrere Ausrufezeichen angefügt, weil mir dieser Punkt besonders wichtig war. Bei manchen Jungs, denen mit starkem Speichelaufwand eben, war ich dazu übergegangen, den unliebsamen Speichelrand um meinen Mund an ihrer Schulter abzuwischen. Was dazu führte, dass ich sehr viele ungeschickte Umarmungen einbaute, was wiederum dazu führte, dass ich einen Ruf als begeisterte Umarmerin erlangte (und merkwürdige Küsserin), obwohl ich einfach nur ohne Speichelrand leben wollte.

Regel Nummer 4: Zähne sauber halten.

Wirklich. Ich verstehe bis heute nicht, warum Menschen sich beschweren, dass niemand sie küssen will, wenn sie riechen wie ein Aschenbecher oder noch ein halbes Tier zwischen den Zähnen haben. Leute, benutzt Zahnseide! Putzt euch zweimal am Tag die Zähne! Geht zum Zahnarzt!

Regel Nummer 5: Nicht beißen.

Manche lecken einem beim Küssen über das Gesicht wie ein Hund, andere beißen sich fest, und ich kapiere beides nicht. Einmal hatte ich eine Knutschpartie mit einem Typen, nach der ich aussah, als wäre ich in einen Nahkampf mit einem Locher geraten. So schwer ist das wirklich nicht.

Regel Nummer 6: Zunge nicht in den Hals rammen.

Abgesehen vom Erstickungstod und der Angst, zu ertrinken, war das mein Deal-Breaker Nummer eins. Erstaunlich, dass ich diesen Punkt als letzten aufgenommen habe, denn das Rammen der Zunge Richtung Mandeln war bei vielen Jungs Standard. Vermutlich in Ermangelung besserer Technik suchten sie ihr Heil, indem sie einem die volle Dosis Zunge gaben. Ja, man kann Menschen so zum Kotzen bringen. Fragt nicht.

Unglücklicherweise enthält mein Ratgeber – von denen Teile noch aus der Schulzeit stammen – keinen Hinweis für die zahlreichen Zahnspangenträger. Wahrscheinlich ging ich davon aus, dass Menschen mit Zahnspange eher nicht geküsst wurden. Ich weiß aber, dass es ein paar blutige Zwischenfälle gab, als Lippen an Metallösen aufgerissen wurden, und einen unglücklichen Unfall mit einem sich lösenden Zahnspangengummi.

Es gibt natürlich massenweise andere Arten, sich zu küssen. Man kann die erogenen Zonen besuchen, besonders den Hals und die Innenseiten der Arme und Knie, den unteren Rücken oder den Nabel. Man kann langsam und zart oder wild und schnell küssen, das Wichtigste ist, dass ihr es tut. Vor allem in Langzeitbeziehungen sollte man auf Regelmäßigkeit achten, denn Küssen sorgt für eine unvergleichliche Intimität.

Das Wie lässt sich schlecht erklären. Ich kenne einen Schauspieler, der sich einen Ruf als unvergleichlich guter Küsser erarbeitet hat. Ich muss zugeben, dass es stimmt. Seine Lippen üben genau den richtigen Druck aus, sind zart, aber doch bestimmt, und seine Zunge gibt einem das Gefühl, die fantastischste Person auf dem ganzen Planeten zu sein. Ich habe ihn einmal gefragt, wie er seine Technik entwickelt hat. „Meine Mutter hat es mir beigebracht. Wir haben eine Weile geknutscht, und dann hatte ich es kapiert." Er sagt, er habe ansonsten ein ganz normales Verhältnis zu seiner Mutter, was ich unkommentiert gelassen habe. Ich will nur sagen, dass es auch ohne inzestuöse Handlungen geht. Zum Beispiel mit dieser praktischen Knutschanleitung für Menschen, die gern Gebrauchsanweisungen lesen:

Bitte öffnen Sie Ihren Mund (A). Setzen Sie nun (A) auf das Gegenstück des Partners (B). Agieren Sie mit leichtem Druck, und führen Sie nun die Zunge (C) in (B) ein. Machen Sie dabei leicht tänzelnde Bewegungen, allerdings nicht zu aufdringlich. Lassen Sie die Zähne (D) aus dem Spiel. (B), (C) und (D) vertragen sich nicht übermäßig gut. Lassen Sie den Speichel (E) nur mäßig fließen. Keinesfalls darf (E) auf das Kinn (F) des zu (B) gehörenden Partners tropfen. (E) auf (F) führt zu ablehnendem Verhalten.

Falls du Zweifel hast, was deine Kussfertigkeit angeht, dann ist der beste Rat dieser: Such dir gute Küsser, und knutsch, bis du es verstanden hast. Und weil ich immer wieder auf Menschen treffe, die mir sagen, dass ihnen Küssen nicht so wichtig sei, noch eine letzte Anmerkung: Ich frage mich, ob diese Menschen nicht Angst haben, in ihrem Innersten erkannt zu werden. Denn in einem ernst gemeinten Kuss steckt immer die Wahrheit.

LIEBE PAULA, ICH HABE DAS GEFÜHL, MICH WIE EIN ELEFANT ZU BEWEGEN. WIE ZIEHE ICH MICH SEXY AUS?

Von Elefant zu Elefant: keine Ahnung. Eine Zeit lang habe ich wirklich darüber nachgedacht, ein Auszieh-Memo zu schreiben, weil das Entkleiden ein Problem zu sein scheint, mit dem sehr viele zu kämpfen haben. Allerdings habe ich mir seit Jahren keine Gedanken mehr darüber gemacht, wie ich mich ausziehe, aber jetzt fällt mir auf, dass ich keine sehr ausgefeilte Technik besitze. Verdammt.

Nacktheit ist eine ulkige Sache. Naturgemäß ist sie ja etwas völlig Normales, aber in unserer Gesellschaft haben wir es irgendwie verlernt, voreinander nackt zu sein. Nackt sein kann man auf ganz unterschiedliche Arten. Wenn man jung ist und wie ich damals unter total bescheuerten Minderwertigkeitsgefühlen leidet, sind beide Arten gleich schlimm, die Nacktheit des Körpers ebenso wie die Nacktheit der Seele. Allerdings kann man die Seele ein bisschen besser verstecken, zumindest bevor man in das Alter kommt, in dem die anderen anfangen, tiefschürfende Fragen zu stellen.

Sich zum ersten Mal nackt vor einem anderen Menschen zu zeigen ist ein powervolles Statement. Es heißt: „Ich vertraue dir", und vor allem heißt es hoffentlich: „Ich mag mich, wie ich bin, und habe kein Problem, mich dir zu zeigen."

Leider ist ausziehen häufig mit Scham verbunden. Früher bin ich rückwärts aus dem Raum gegangen, weil ich meinen Hintern mit Jeansgröße 28 zu fett fand. Dadurch wirkte ich nicht nur sehr unsouverän, sondern erreichte genau das Gegenteil von dem, was ich erreichen wollte: Ich zeigte meine Unsicherheit mit mir selbst. Nackter geht es kaum.

Leider bin ich damit überhaupt nicht allein. Ich kenne eine Menge Leute, die alles Mögliche anstellen, um sich ja nicht nackt zeigen zu müssen:

„Bei mir gilt die Regel, dass das Licht aus sein muss. Zumindest, bis ich mir seiner absolut sicher bin. Ich will nicht von jemandem bewertet werden, den ich vielleicht nie wiedersehe." Mirjam, 32

„Ich habe so eine Technik entwickelt, bei der ich mich unter der Bettdecke ausziehe. Ich verkaufe das als Teil des Liebesspiels. Und wenn ich auf die Toilette muss, warte ich, bis er schläft oder selbst muss. Bislang hat das immer geklappt." Tabea, 24

„Meistens habe ich beim Sex ein Negligé an. So fühle ich mich irgendwie sicherer." Nadine, 26

Wie gesagt, ich verstehe das. Da mich schon viele gefragt haben, wie sie ihre Ausziehscham überwinden können, habe ich etwas entwickelt, was ich das Käferspiel nenne. Es ist super für Menschen, die entweder schüchtern sind oder aber sehr großen Wert auf Sinnlichkeit legen oder vielleicht sogar beides. Für das Käferspiel muss der Raum vollkommen abgedunkelt sein. Sobald beide nackt sind, beginnt der eine mit einer winzigen Taschenlampe den Körper des anderen zu erkunden. Wichtig ist, dass die Lampe einen wirklich kleinen Leuchtradius hat, also bitte nicht so eine benutzen, die man auch bei Verhören einsetzen kann. Mit der Käfertechnik wird der Körper des anderen wirklich nur Stück für Stück sichtbar, als würde eben ein winziger Käfer aus Licht darüberkrabbeln. Durch die Dunkelheit ist die Sensorik dann auf allerhöchster Alarmbereitschaft, was dafür sorgt, dass sich alles sehr viel intensiver anfühlt, weil man extrem fokussiert ist.

Zum Glück gibt es viele Menschen, die überhaupt kein Problem damit haben, sich ohne Klamotten zu zeigen, was natürlich der gesündere Weg ist. Denn um entspannt Sex zu haben, ist es absolut essenziell, sich mit dem eigenen Körper wohlzufühlen. Miteinander nackt sein bedeutet schließlich nicht nur, die Geschlechtsteile aneinanderzureiben. Nackte Körper erlauben eine Menge unbewusster Kommunikation. Studien zufolge finden sich Menschen sympathischer, die mehr und häufiger Körperkontakt haben.

Sich auszuziehen kann also durchaus ein Instrument sein, mit dem man ein paar Vorgänge (und weitere Dates) beschleunigen kann. Man kann sich natürlich auch ausziehen, ohne Sex zu haben, zum Beispiel, um sich einfach im Arm zu halten oder um schwimmen zu gehen. Sicher ist, dass das Aussehen dabei eine viel geringere Rolle spielt, als die meisten denken. Es sei denn, du hast dich gerade mit jemandem auf Tinder & Co. zum Vögeln verabredet. In diesem Fall mach dich darauf gefasst, auf dein Äußeres reduziert zu werden.

Für solche, die dazu neigen, sich zu genieren, habe ich ein paar weitere Tipps, wie sich die Sache mit dem Ausziehen ein wenig leichter gestaltet ...

Die Ängste auszusprechen sorgt dafür, dass sie kleiner werden.

Das trifft auf alle Bereiche des Lebens zu, aber hier ist es besonders trickreich. Du bist in einer Situation, in der du dich dem anderen offenbaren möchtest, aber (vermutlich irrationale) Sorgen über dein Äußeres halten dich davon ab. Ich finde, Schwäche zuzugeben ist ein großes Zeichen für Stärke. Wenn du dich also unsicher mit deinen Brüsten, Bauch oder Po fühlst, dann sprich es ruhig aus. Aber nicht in der „Findest du nicht auch, dass mein Hintern grotesk hässlich ist"-Art, sondern so, dass du dem anderen vermittelst, ihm zu vertrauen, weil du deine vermutlich unrealistischen Sorgen überwindest.

Geh das Ganze spielerisch an.

Strip-Poker oder ein überraschendes Bad im See helfen dir, nicht mehr darüber nachzudenken, wie der andere dich wohl findet. Er findet dich nämlich super, sonst wärt ihr nicht so weit gekommen.

Falls du eine Frau bist, dann mach dir klar, dass Männer genau die gleichen Ängste haben.

Ist es peinlich, dass mein Penis steif ist? Ist er nicht steif genug? Findet sie ihn zu klein? Zu groß? Zu krumm? Stell dir vor, du müsstest mit einer riesigen Erektion durchs Zimmer laufen!

Was das Ausziehen selbst angeht, so gibt es verschiedene Typen, und ich finde, die Art, wie sich jemand entkleidet, sagt auf nette Art etwas über sein Wesen aus. Die Grundtypen sind:

Die Schlüpfer.

Schlüpfer ziehen sich einfach alles auf einmal aus. Die Schlüpfertechnik ist schnell und effektiv, verhindert aber elegantes Anziehen hinterher. Ärmel und Beine sind verdreht, die Socken stecken noch in den Hosenbeinen, alles in allem sitzt man dann da wie ein übereifriger Teenager.

Die Bürokraten.

Ziehen jedes Kleidungsstück einzeln aus, um es in der richtigen Reihenfolge anschließend ordentlich über einen Stuhl zu hängen. Das wirkt nicht nur lustfeindlich und pedantisch, sondern ist es meistens auch.

Die Stripper.

Entledigen sich der Kleidung Stück für Stück, als liefe im Hintergrund „You Can Leave Your Hat On". Ist sexy, wirkt aber bisweilen überambitioniert.

Die Bademeister.

Ausgezogen wird sich allein und ausschließlich im Badezimmer, welches nur mit einem Bademantel bekleidet wieder verlassen wird. Die Technik ist unfreundlich dem anderen gegenüber, der nicht weiß, ob er sich schon ausziehen soll oder doch lieber abwarten. Und dann steht er da und muss sich vor der Bademeisterin oder dem Bademeister ausziehen, um nicht spießig zu wirken.

Die Maulwürfe.

Maulwürfe ziehen sich mit einem kleinen Wispern nur im absolut Dunkeln aus. Und fahren erschrocken zusammen, wenn man das Licht anmacht, weil man nach der Wasserflasche sucht.

Du siehst also, richtig ausziehen ist eine Kunst. Frag mich nicht, wie es geht, ich bin eine strippende Schlüpferin mit Neigung zu spontanen Stürzen. Das Wichtigste ist wirklich, dass du dich wohl mit dir selbst fühlst. Der Rest ist völlig, aber auch völlig wurscht.

DER NACKTE MANN

Beruflich habe ich ja viel mit ausgezogenen Leuten zu tun. Wer meine Sendung in den letzten Jahren verfolgt hat, wird bemerkt haben, dass in manchen Sequenzen wie aus dem Nichts ein nackter, meist männlicher Mensch auftaucht und für einige Zeit wortlos, aber durchaus putzig im Hintergrund steht. Wenn ihr euch dann gefragt habt, was zur Hölle das soll – damit seid ihr nicht allein. Der ursprüngliche Gedanke hinter dem nackten Mann war der, dass, wann immer das Gespräch auf Körperlichkeit kam, zum Zwecke der Reflektion ein Körper zum Anschauen dabei sein sollte. Nicht nur, falls man vergessen hat, wie ein Körper so aussieht, sondern auch, um zu verdeutlichen, dass Körper sehr unterschiedlich sein können, dass Nacktheit natürlich ist und dass der Mensch an sich eben gebaut ist, wie er ist.

Global gesehen, war das eine mittelgute Idee. Denn es ist wahnsinnig schwierig, ein tiefgreifendes Gespräch zu führen, während sich ein fremder Penis unweit deines Kopfes bewegt. Das Wort „bewegt" benutze ich übrigens ganz bewusst. Man weiß, dass das menschliche Gehirn sehr leicht durch Wörter zu stimulieren ist, und natürlich kam es bei den Dreharbeiten zu einer Menge kurioser Situationen.

Zunächst mal habe ich großen Respekt vor den Männern und Frauen, die sich nackt bei „Paula kommt" gezeigt haben. Ich bin dankbar, dass sie sich zur Verfügung gestellt haben, denn ich hätte mich das nicht getraut. Und zwar nicht, weil Nacktheit etwas Peinliches ist. Es gehört einfach eine Menge Courage dazu, sich nackt vor Fremden zu zeigen, weil man bewertet und begutachtet wird, und Menschen neigen ja meistens dazu, eher die negativen Seiten zu sehen und sie einem dann um die Ohren zu hauen.

Die Schwierigkeit mit dem nackten Mann war also, so zu tun, als sei alles normal. Ich meine, Nacktheit ist normal, aber in einem Raum voller Leute, in dem du der Einzige ohne Klamotten bist, fällst du trotzdem irgendwie auf. Mein Ziel war es, jedem nackten Mann nicht nur das Gefühl zu geben, dass bei „Paula kommt" ständig nackte Leute durchs Set laufen, sondern dass es für uns wirklich gar nichts Besonderes war. Das bedeutete natürlich auch, dass es verboten war, ungeniert auf das Geschlechtsteil zu glotzen, was für meine Gäste, die ja diese Situation jedes Mal neu erlebten, noch schwieriger war.

Als wir anfingen, „Paula kommt" zu drehen, hatten wir alle noch keine Ahnung, wie wir mit der Sache umgehen sollten. Man muss dazu sagen, dass wir meist nur Frauen am Set sind. Der nackte Mann war also nicht nur der einzige Nackte, sondern zusätzlich der einzige Mann während des gesamten Drehs. Ich nehme an, dass einen das ziemlich einschüchtern kann. Im Lauf der Staffeln, in denen nackte Männer im Hintergrund standen, gab es eine Menge ulkiger Vorkommnisse, und damit meine ich nicht den Standard, bei dem der Mann durch unglückliche Ausleuchtung plötzlich drei Penisse hatte statt einem. Meine Top Four sind:

1. Einmal hatten wir einen Dreh mit einem zeitlichen Hänger. Das kann passieren, weil die Gäste sich erst einmal wohlfühlen müssen, um sich zu öffnen, und manchmal geht auch nur der Akku kaputt, jedenfalls wartete der Mann schon ungefähr eine Stunde im Bademantel darauf, dass es endlich losgehen würde. In seiner Not tat er das, was man dann halt tut: Er schimpfte herum und trank schließlich eine Flasche Rotwein mehr oder weniger auf ex. Als es dann losgehen sollte, lag er platt auf dem Gesicht auf einem der Sofas und schlief. Nachdem wir ihn geweckt und einigermaßen ausgenüchtert hatten, stellten wir fest, dass sein Penis optisch genau auf Mundhöhe meines Gastes und mir war, sodass es aussah, als würden wir ihm mit jedem Wort kleine Küsse auf sein Gemächt geben. Also stellte ihn die Kamerafrau auf eine Kiste. Leider schlief er auch im Stehen immer wieder

ein und fiel von ebenjener Box, sodass wir irgendwann anfingen, sehr hektisch zu sprechen, um die Sequenzen abzupassen, in denen er aufrecht stehen blieb.

2. Der Dreh, bei dem ein junger, muskulöser Mann mit ziemlich langem Penis zum Dreh kam und sehr stolz auf die Länge war – zu Recht. War ein wirklich hübscher Penis. Leider mussten wir draußen drehen, und es war unheimlich kalt. Als es am allerkältesten war, kamen ein Schiff voller Touristen, die alle eifrig Fotos knipsten und ein Boot der Wasserschutzpolizei vorbeigefahren, während er versuchte, durch hektisches Ziehen die ursprüngliche Länge wiederherzustellen.

3. Das eine Mal, bei dem mein Gast bildreich von analen Erlebnissen erzählte und der nackte Mann voller Freude sehr stark darauf reagierte. Wir mussten siebenmal den Dreh unterbrechen, weil man Penisse mit einem Steigungswinkel von über 45 Grad nicht ohne Weiteres zeigen darf. Ich habe es nicht gecheckt, sondern mich nur gewundert, warum die Kamerafrau ständig etwas von „Akku wechseln" oder „Karte klemmt" murmelte.

4. Und schließlich noch jener Mann, der sich in einem Anfall von Masochismus seinen Penis selbst tätowiert hatte. Eigentlich sollte es ein chinesisches Schriftzeichen à la „Ente süß-sauer" werden, verlief aber und war nur noch ein dicker schwarzer Fleck.

ICH FINDE DAS WORT „SCHWANZ" IRGENDWIE BLÖD. WIE NENNEN EIGENTLICH ANDERE MÄNNER IHR DINGS?

Wie nennt man überhaupt irgendwas? Das ist ja eine nicht unkomplexe Frage. Mein Lieblingswort für einen sexuell aktiven

Mann kann ich dir aber schon mal verraten. Es ist Heuschoberbumsling. Das Wort ist vor Ewigkeiten in dem recht vergnügli-
chen Format „Austria's Next Topmodel" entstanden, in einem
Jahr, in dem auch ein männliches Topmodel gesucht wurde.

Ich stelle mir vor, wie schön erfrischend es wäre, zu einem Mann
„Guten Morgen, du lieber Heuschoberbumsling, magst du uns
ein paar Hörnchen zum Frühstück kaufen?" zu sagen. Obwohl
ich mich privat nicht traue, denn Heuschoberbumsling passt
natürlich nicht zu jedem. Zum Beispiel nicht zu einem smarten
Hamburger Jüngling, wie meiner einer ist. Geht einfach nicht.
Das Kosewort muss ja auch irgendeinen Bezug zur Gesamter-
scheinung haben.

Eine Verwandte von mir hatte einmal einen Freund, der originel-
lerweise ganz genau aussah wie ein Fischbrötchen. Meine Witze in diese Richtung verhallten allerdings ohne Applaus, was ich
schade fand, da der Mann auch innendrin einer fischigen Frika-
delle nicht unähnlich war. Worte sind ein scharfes Schwert, man
muss bedächtig damit umgehen. Vor allem aber, wenn sie das
Geschlechtsteil betreffen.

Eine Studie legt nahe, dass Männer gern Kosenamen haben, die
wenigstens überraschend sind. Hengst, Baby, Süßer, Sonnen-
schein oder Spatzi mögen sie nicht. Ist ja auch verständlich. Ich
habe eine Freundin, die ihre Begleiter in Reihung stets „Liebling"
nennt. So kommt sie zwar nicht durcheinander, aber die klang-
liche und inhaltliche Banalität des Wortes lässt mich doch an
ihrer allgemeinen Liebesfertigkeit zweifeln.

Liebling ist der Schlagerstar unter den Kosenamen, fade, aber
zuverlässig. Die Studie hat herausgefunden, dass die Neigung zu
Tiernamen Hinweise auf einen eher niedrigen Bildungsstand des
Verfassers gibt, während Schatzi oder Liebling sogar bei Hoch-
schulabsolventen Gebrauch finden ...

Aber, und nun komme ich zu deiner Frage, dort stand auch, wie Männer ihren Penis nennen. Die Top Five lauten angeblich so:

- **Zauberstab (34,72 Prozent)**
- **Der Lümmel (16,58 Prozent)**
- **Excalibur (10,4 Prozent)**
- **Big Ben (9,84 Prozent)**
- **Die Lunte (4,15 Prozent)**

Die Vorstellung, wie ein Liebling mit seinem Big Ben vor einem Schatzi herumwedelt, ergötzt mich nicht. Darum, ihr kleinen Heuschoberbumslinge, bitte sagt mir, dass das nicht wahr ist.

(Ich für meinen Teil mag das Wort „Penis" sehr, weshalb ich mich auch bemüht habe, es in diesem Buch 6783-mal zu schreiben. Zähl mal nach.)

UND WIE NENNE ICH DAS WEIBLICHE GESCHLECHTSTEIL, SODASS ES COOL KLINGT?

Frauen waren in Sachen Selbstbezeichnung lang wenig selbstbewusst, scheint mir. Das Ringen um die richtige Bezeichnung des weiblichen Geschlechtsteils war riesig. Wie soll man nur sagen? Muschi geht ja nicht mehr, seit Stoiber seine Frau so nennt. Möse? Bah. Fotze? Auf keinen Fall! Schatzkiste, Schneckchen, Schmetterling? Nein, nein und nochmals nein.

Inzwischen haben sich viele auf das Wort „Vagina" geeinigt, und ganz allgemein scheint sich der Wind gedreht zu haben. Sogar so sehr, dass die stockkonservative Schauspielerin Jessica Simpson Sätze twittert wie: „Oh mein Gott, ich habe gerade taggeträumt, dass meine Vagina eine ganze Packung Skittles gegessen hat!" Lady Gaga hat Angst, dass der Mann bei einem Geschlechtsakt ihre Kreativität durch ihre Vulva absaugen könnte wie mit einem Rüssel. Und Olivia Wilde („Dr. House") beschreibt das Ende ihrer Ehe so: „Ich habe mich gefühlt, als wäre meine Vagina gestorben. Man kann zwar der Familie an Weihnachten vorlügen, dass zu Hause alles zuckersüß ist, aber du kannst nie deine Vagina anlügen."

Das klingt so, als würde die moderne Frau ihrer Vagina nicht nur alles anvertrauen, sondern auch alles zutrauen, *best friends forever*, meine Scheide und ich. Ist das ein gutes Zeichen? Feminismus hin oder her, ich stelle mir vor, was wäre, wenn ein Mann auf diese Weise von seinem Penis sprechen würde. Wenn zum Beispiel Justin Bieber auf Twitter verkünden würde: „Hey Leute, ich liege hier gerade am Pool und stelle mir vor, mein Penis würde zehn Lakritzstangen einsaugen. Der Wahnsinn!" Oder Justin Timberlake, der in irgendeiner Talkshow verkündet: „Am Ende meiner Beziehung zu Cameron Diaz fühlte sich mein Penis an wie ein trockenes Stück Holz. Er hat mir klare Zeichen gegeben, da konnte ich nicht mehr Ja zu Cammy sagen." Wetten, dass es einen riesigen Aufschrei geben würde? Beide kämen uns vor wie vermessene Angeber, wie zwei vollkommene Idioten, oder? Typisch Penisträger!

Vielleicht haben Frauen etwas nachzuholen. Während Männer sich in schwanzbündlerischer Art zumindest öffentlich immer sicher sind, dass ihr Gehänge in jeder Situation auch optisch eins a ist, nagt an so mancher Frau der Vagina-Zweifel. Sieht sie so schön aus? Mit Haaren oder ohne? Riecht sie auch gut genug?

Als ich den Tweet von Jessica Simpson las, musste ich an „Sex and the City" denken. Als die Serie lief, Anfang 2000, war es noch nicht *en vogue*, sich öffentlich über seine Vagina zu äußern. In einer bemerkenswerten Folge kommt Charlotte gerade von ihrer Gynäkologin, die ihr ein Antidepressivum verschrieben hat – für ihre Muschi. „Ich finde sie hässlich", gibt Charlotte zu, worauf Samantha erwidert: „Du findest sie hässlich? Kein Wunder, dass sie depressiv ist."

Wer glaubt, dass sich die Frauen von damals bis heute nicht verändert haben, muss wiederum nur ins Fernsehen gucken. In der sehr erfolgreichen, inzwischen leider eingestellten US-Serie „Girls" etwa beschäftigt sich die Hauptdarstellerin Lena Dunham sehr ausgiebig mit ihrer Vagina, und zwar ziemlich naturgetreu. Wenn sie Sex hat, sieht der nicht schön aus, sondern manchmal sogar ausgesprochen peinlich, und ihr Körper, den Durham selbst als „eher dick und teigig" beschreibt, sieht genau so aus: eher dick und teigig. Durhams Vagina ist längst nicht mehr Pandoras geheimnisvolle Büchse, sondern ein Körperteil wie jeder andere. Tatsächlich ist die moderne Vagina medial ein bisschen zu einem gewöhnlichen Körperteil verkommen wie ein Arm oder ein Bein. So klingt das öffentliche Bekenntnis fast ein bisschen patzig: „Ich habe eine Vagina, na und? Sie frisst Skittels. Und zur Not auch dich. Und jetzt glotz nicht so!"

Ich rede gern über die Vagina und die Vulva und bin dankbar für jede Frau, die nicht Pussy sagt. Pussy klingt kindisch und wie etwas, dass man lieber nicht ernst nehmen sollte. Dabei ist es wichtig, dass Frauen sich selbst ernst nehmen. Wer sich ernst nimmt, kann auch Spielregeln durchboxen. Zum Beispiel, dass bei Frauen Nein nicht Ja heißt und Ja nicht Analverkehr, wie es irgendein idiotischer Collegestudent in einem Interview mal behauptet hat. Dass wir sexuelle Wesen mit den exakt gleichen Bedürfnissen wie Männer sind, dass wir nicht schwächer sind oder weicher, sondern höchstens anders.

MEIN EXFREUND HAT IMMER GESAGT, DASS ICH ES NICHT KÖNNTE. WIE GEHT DENN NUN DER PERFEKTE BLOWJOB?

Kennst du dieses Video auf YouTube, in dem eine Frau den Grapefruit-Blowjob erklärt? Der Trick beim Grapefruit-Blowjob ist folgender: Du schneidest die Frucht oben und unten an, sodass sie flache Enden hat. Dann teilst du die Grapefruit entlang des Äquators, sodass der Strizel in der Mitte immer noch mittig ist. Den entfernst du und schneidest dann die Grapefruit in einen Ring, der etwa fünf Zentimeter dick ist. Lege die Grapefruit in warmes Wasser. Verbinde dem Mann die Augen, damit er keine Panik bekommt. Dann nimm den Grapefruitring aus dem Wasser, weite ihn und stülpe ihn über den Penis. Anschließend reibst du mit dem Fruchtring auf und ab, nimmst dabei die Eicheln in den Mund und gibst schmatzende Geräusche von dir. Alles verstanden?

So geht der perfekte Blowjob nicht. Ich habe es versucht und stieß auf große Gegenwehr. Dann habe ich Freundinnen damit beauftragt, die ebenfalls gescheitert sind. Vielleicht ist die Technik auch einfach nichts für deutsche Männer, sie mögen kein Obst an ihren Geschlechtsteilen. Dabei finde ich den Grundansatz praktisch. Man könnte nebenbei kalorienarm frühstücken und eine Menge Zeit sparen.

Der Grapefruit-Blowjob ist eine amerikanische Erfindung. In den USA wird Oralsex so ernst genommen, dass eine eigene Industrie drum herum entstanden ist. Als ich einmal harmlos gegoogelt habe, fand ich ein paar interessante Gimmicks:

- Oral Sex Candy der Marke „BJ Blast". Ihr kennt doch noch dieses Knisterpulver, das man sich aus einem Tütchen in den Mund schüttet, wo es dann explodiert? Genau so eines. Nur dass man damit Blowjobs ausführen soll.
- Für die saubere Frau gibt es das Blowjob-Kit „Keep yourself clean and jizz free". In der Packung finden sich ein Haarnetz, Handschuhe und eine Schürze – wofür die Schürze ist, verstehe ich nicht. Es geht ja für gewöhnlich um Männer, nicht um Zuchtbullen.
- Falls man unter Würgereflex leidet, kann man das Comfortably Numb Deep Throat Spray in Zimt oder Spearmint erwerben, um sich großflächig zu betäuben.

Ich lehne mich jetzt mal weit aus dem Fenster und behaupte, dass man nichts davon für den perfekten Blowjob braucht, aber ich würde zu gern das Gesicht eines Mannes sehen, an dessen Penis kleine, scharfkantige Bonbonstückchen explodieren.

Für die meisten Missverständnisse zwischen Männern und Frauen sind meistens sowieso Frauenmagazine verantwortlich. Wie zum Beispiel soll ein Mann entspannen, dessen Partnerin mit folgender Information ausgestattet wurde: „Beißen Sie ihm sanft in den Hodensack." Während die Hoden ja häufig links liegen gelassen werden und den meisten Frauen als nutzloser Beutel gelten, so ist eine gewisse Sensibilität dergleichen ja durchaus bekannt. In den Mund nehmen, ja, daran saugen, meinetwegen. Aber beißen? Das ist so, als würde man vorschlagen, Gefangene „ganz leicht" zu waterboarden. Knabbern ist in Ordnung. Aber bitte nicht reinbeißen. Bei Hunger lieber den Grapefruit-Blowjob machen. Ein weiterer Tipp ist dieser: „Stäuben Sie vor dem Orgasmus ein wenig Pfeffer unter seine Nase. Der Nieseffekt löst dem Orgasmus ähnliche Gefühle aus und verstärkt den Effekt." Prima Idee. „Schatzi, jetzt leg dich doch einfach mal zurück. Was soll das heißen ‚meine Augen brennen'? Kommst du jetzt endlich, oder was?"

Möglicherweise gehen beide Seiten auch von grundsätzlich unterschiedlichen Voraussetzungen aus. Vor ein paar Jahren habe ich mal im Rahmen meiner Arbeit eine Umfrage gestartet. Die Aufgabe bestand darin, junge Frauen (18 bis 29 Jahre) erklären zu lassen, was einen guten Blowjob ausmacht. Hier die aussagekräftigsten Antworten:

„*Man nimmt ihn in den Mund und dreht dann unten.*"
(Probandin simuliert Hand, die den Hodensack hin- und herdreht.)

„*Möglichst tief rein und dann versuchen, den ganzen Schwanz runterzuschlucken.*"

„*Mit den Zähnen wie ein Mäuschen am Speck oben an der Eichel knuspern. Das darf ruhig ein bisschen wehtun. Und dann mit der Hand ordentlich, na ja, wichsen.*"

„*Mund, Hand, Mund, immer ganz schnell abwechseln. Dann am Schluss, kurz bevor er kommt, anfangen, den Kopf zu schütteln, aber so richtig schnell.*"

„*Die Vorhaut einsaugen und dann im Mund ein bisschen verdrehen, bis sie wie ein Wurstzipfel aussieht. Dann den Kopf ganz schnell runterstoßen und mit dem Finger fest gegen den Damm drücken.*"

„*Nee, das geht anders. Die Vorhaut so weit runterziehen und dann hochflutschen lassen. Das macht man ein paarmal, dann nimmt man den Penis in den Mund und leckt immer im Kreis.*"

„*Wenn man die Backen ordentlich aufbläst, dann drückt der Luftdruck da noch zusätzlich drauf. Ich weiß nicht genau, wie das funktioniert, aber es funktioniert ganz hervorragend.*"

„Am Anfang dachte ich, es heißt blasen, weil man in den Penis reinbläst. Inzwischen weiß ich, dass man drum herum leckt und die Haut hin und her schiebt."

„So was mache ich nicht."

Im Grunde braucht es nicht viel außer Einfühlungsvermögen und Leidenschaft. Das Wichtigste für den Mann ist das Gefühl, dass die Frau in diesem Moment nichts mehr begehrt als seinen Penis. Für Spezialbehandlungen lohnt es sich, den Penisbesitzer direkt anzusprechen. Wichtig ist nur, dass man nicht darauf herumkaut, das mögen wirklich die allerwenigsten.

Gewiss gibt es ein paar Kniffe. Bill Clinton soll ja sehr auf den Gebrauch von Pfefferminzbonbons stehen. Dazu nimmt man ein leichtes Pfefferminzbonbon in den Mund und geht wie gewohnt vor. Durch die ätherischen Öle werden die Durchblutung angeregt und das Empfinden verstärkt. Außerdem schmeckt das Sperma dann schön frisch. Win-win! Ebenfalls aus den USA habe ich den Hotwater-Blowjob mitgebracht, der ein echter Knüller ist. Dazu kochst du dir eine schöne Tasse Tee oder heißes Wasser auf. Es muss heiß sein, du sollst dir aber nicht den Mund verbrennen! Es macht Sinn, ein Handtuch unterzulegen, denn jetzt wird es feucht: Du spülst das heiße Wasser ein paarmal im Mund herum und lässt es dann ganz langsam auf den bereits erigierten Penis laufen. Langsam deshalb, damit du reagieren kannst, falls es ihm zu heiß wird. Auf keinen Fall darfst du die Tasse oder Kanne nehmen und mit Schwung über den Penis gießen, verstanden? Niemals! Aus dem Mund muss es laufen! So. Nachdem du den Mund entleert hast, nimmst du nun den Penis ganz in den Mund (der sehr warm sein wird) und verfährst wie gehabt. Dann nimmst du wieder einen Schluck und so weiter, bis er nicht mehr kann. Da dieser Blowjob sehr intensiv ist, darfst du ihn nur an Männern vornehmen, die du auch behalten willst. Er wird nämlich nicht mehr weggehen! Es sei denn, du hast ihm den Schwanz verbrüht.

Da hätte ich noch was! Cunnilingus

Ich habe eine ähnliche Umfrage wie zum Blowjob mal unter jungen Männern zum Thema Cunnilingus gemacht, weil ich wissen wollte, welchen Irrglauben es dazu gibt. Männer sagten Dinge wie beispielsweise:

,,*Man saugt sich fest, und dann fängt man an, mit dem Kopf im Kreis zu wackeln.*"

,,*Ich peitsche die Klitoris, also ich verkloppe sie richtig mit der Zunge. Beschwert hat sich noch keine.*"

,,*Ob mein Dreitagebart dabei stört? Wegen der Hobelwirkung? Was redest du da? So ein bisschen Peeling hat noch keiner geschadet.*"

,,*Als Mann steckst du einfach die Zunge ganz schnell rein und wieder raus, rein, raus, wie mit dem Penis halt auch.*"

,,*Also, man nimmt die Klitoris in den Mund, und dann fängt man an, mit dem Mund zu blubbern, das ist aber ein totaler Geheimtrick, klar?*"

,,*Knusper, knusper, Knäuschen. Bisschen beißen und zerren. Du willst es doch auch.*"

Das ist nur ein Bruchteil, aber es ist immer erheiternd, die Bereiche rechts und links der Normalverteilung anzuschauen.

Die meisten Männer ahnen zumindest, wie es geht, und wissen auch, dass man den ganzen Bereich um die Vulva mit einbeziehen sollte. Aus dem Tantra weiß ich, dass das Tempo bei den meisten zu hoch ist (wie man es aus Pornofilmen lernt) und viele dann doch dazu neigen, mit der Zunge herumzuklöppeln wie eine kleine Dreschmaschine. Bei manchen Frauen lohnt es sich

sehr, das Tempo komplett zu reduzieren und ganz langsam vor-
zugehen. Da aber nicht jede gleich ist, ist es ratsam, sich Feed-
back geben zu lassen, wie sie es mag. Das Gleiche gilt natürlich
für den Blowjob.

ICH WÜRDE GERN MAL ANAL AUSPROBIEREN, TRAUE MICH ABER NICHT. WORAUF MUSS ICH ACHTEN?

In erster Linie auf Entspannung. Ich weiß nicht, ob es dir schon
mal passiert ist, dass ein Mann aus Versehen mit Schwung in deinen Anus gestoßen hat, weil er sich vertan hat? Unangenehm.
Sehr unangenehm. Übrigens auch Tage danach.

Der Schließmuskel ist ein sensibles Kerlchen. Profis dehnen sich
vorher ausgiebig mit einem Analplug, aber ich kann verstehen,
wenn dir das zu abgezockt wirkt. Du kannst deinen Partner
bitten, den Muskel mit dem Fingern zu dehnen, clever wäre es,
Gleitmittel zu benutzen. Der Darm ist ebenfalls sehr sensibel,
also geh bitte mit Bedacht und Ruhe vor.

Und Hygiene ist natürlich wichtig. Viele machen vor dem Analverkehr eine Darmspülung, aber auch das garantiert nicht, dass
der Spaß unfallfrei vonstattengeht. Die sichere Variante ist, sich
psychologisch auf ein bisschen Beimischung vorzubereiten,
wenn du verstehst, was ich meine. Die Unfallgefahr ist bei anal
relativ hoch. Eine Bekannte von mir musste aus Versehen einen
schrecklichen Furz ablassen, und sagen wir so: Es war nicht nur
Luft, die da entwich. Was du dann tun kannst? Lachen. Alles andere wäre albern.

LIEBE PAULA, KANN MAN SQUIRTEN LERNEN?

Squirten oder die weibliche Ejakulation hat natürlich auch mit den Körperflüssigkeiten zu tun. Immer noch sind sich die Wissenschaftler aber uneins, woraus sich diese Flüssigkeit nun wirklich zusammensetzt.

Zum einen aus größeren Mengen von Urin, das reine weibliche Ejakulat besteht allerdings aus einer wässrig-milchigen Lösung, die dem Prostatasekret nicht unähnlich ist. Genaue Zahlen zum Thema weibliche Ejakulation gibt es nicht, aber ich gehe davon aus, dass bei den allermeisten Frauen die Anlage dazu gegeben ist.

Doch zu deiner Frage: Ja, kann man. Ich hatte einmal einen Gast in der Sendung, die es sich regelrecht zur Aufgabe gemacht hatte, squirten zu erlernen. Dazu hat sie das Buch „Weibliche Ejakulation & der G-Punkt" von Deborah Sundahl studiert und monatelang an sich herumprobiert. Falls du noch andere Hobbys hast, kannst du natürlich auch deinen Partner bitten, dir dabei behilflich zu sein. Ganz einfach gesagt, geht es darum, mit einer Hervorhol-Bewegung den Bereich um den G-Punkt, also den oberen Bereich deiner Vagina, zu stimulieren und dann einfach loszulassen. Handtücher nicht vergessen!

Ein Paar aus meiner Sendung hat diese Technik zur Perfektion verfeinert, und sie kann inzwischen auch ohne seine Hilfe ejakulieren. Die Orgasmen sind mit Squirting tatsächlich intensiver, es lohnt sich also, in die Übung Zeit zu investieren!

WAS IST DENN BITTE SCHÖN *EDGING*?

Edging bezeichnet die Praxis, sich gegenseitig bis an den Rand des Orgasmus zu bringen, dann abzubrechen und sich nach einer kurzen Pause weiter zu stimulieren. Auf diese Weise wird maximale Sensibilität erreicht und der Orgasmus deutlich verstärkt. Natürlich ist das Spiel gerade für Männer heikel – ist man als Frau zu unvorsichtig, heißt es warten, warten, warten. Die Belohnung für die Übung ist allerdings auf beiden Seiten ein wirklich intensiver Höhepunkt. Ob es dafür eine deutsche Bezeichnung gibt? Leider nicht. „Lass uns mal probieren, uns gegenseitig zu kanten" klingt nämlich echt doof.

LIEBE PAULA, WIE GEHT DAS DENN BEIM FISTING?

Fisting ist, für alle die es nicht wissen, eine Praktik, bei der vorzugsweise einige Finger bis eine oder zwei Fäuste (daher der Name, „Faust" heißt auf Englisch „fist") in den Partner eingeführt werden. Anal bei Männern, vaginal und anal bei Frauen. Das Wichtigste beim Fisting ist die Vorsicht. Wer ruppig oder zu schnell vorgeht, kann Vagina und Anus verletzen, bei manchen kam es auch schon zu Darmperforationen, die akute Lebensgefahr bedeutet. Du merkst schon, ich bin kein großer Fan. Das Zweitwichtigste ist ein gutes Schmiermittel. Manche schwören auf Vaseline, andere auf herkömmliches Gleitmittel. Was Frauen daran gefällt, ist ein Gefühl des Ausgefülltseins, die absolute

Stimulation von innen. In diesem Fall wird die Frau mit der Faust (oder mit beiden Fäusten) penetriert, und es gibt einige, die wirklich sehr darauf stehen. Für Männer ist Fisting auch deshalb reizvoll, weil die Prostata stark gereizt wird. Ich will keine Spielverderberin sein oder so, aber durch ausdauerndes Fisten im Analbereich kann es zu Verletzungen des Beckenbodens kommen, was langfristig zu Stuhlinkontinenz führt. Ich sage das nur, damit du hinterher nicht sagst, ich hätte dich nicht gewarnt.

BONDAGE UND COCKSTUFFING

Als ich mit TV anfing, hatte ich von vielen Varianten des Sexuallebens anderer Menschen keine Ahnung. In manches musste ich mich reindenken, weil ich keine Lust hatte, es selber auszuprobieren. Zum Beispiel haben wir einmal in einem SM-Club gedreht, weil mein Gast gern SM praktizierte. Bei der Location-Besichtigung fiel mir eine Toilette aus Plexiglas auf, und ich dachte ganz harmlos bei mir: „Ach guck, da kann man dann voreinander pullern gehen. Na, wenn man's mag!" Dann aber fiel mir die Luke am Sockel auf, die genau so groß war, dass man etwas Rundes hineinstecken konnte, beispielsweise einen menschlichen Kopf. Und wie ich das Konstrukt so anstarrte, kam die Frau die uns führte, vorbei, schnappte meinen Blick auf und sagte: „Mmmmmh, Schokolade." Da begriff ich, dass Urin wahrscheinlich echt nicht funky genug ist, wenn man seinen Kopf freiwillig zur Kloschüssel macht.

Wie gesagt, manche Sachen kann ich nicht nachvollziehen und will ich auch auf keinen Fall am eigenen Leib erleben. Andere Sachen wiederum finde ich sehr interessant und möchte sie unbedingt lernen, und sei es nur, damit ich mitreden kann.

Das erste Mal von Bondage hörte ich, als ich in San Francisco bei einer feministischen Pornodarstellerin zu Besuch war, die mit einem sehr dominanten Mann verheiratet war, der eben ein großer Anhänger von Bondage war. Sie hatten sogar ein extra Zimmer in ihrem ansonsten vollwertig-biologisch auf Kinderbedürfnisse eingerichteten Haus, was einen ulkigen Kontrast ergab. In besagtem Zimmer gab es sehr schöne Möbel, diverse Hängevorrichtungen und einen Schrank, der voll war mit allerlei Kartons, und in jeder dieser Boxen befanden sich Seile aus jeweils unterschiedlichem Material sowie unterschiedlicher Dicke und Länge. Sie sagte: „Wenn wir Freizeit haben, dann fahren wir ins Dungeon und vergnügen uns." Und er: „Wie wir uns vergnügen, das wissen wir, oder, Baby?" Ich habe nie wieder einen Mann gesehen, der seine Frau so lüstern angeschaut hat, und ich glaube, darum dachte ich auch, dass Bondage genau mein Ding wäre.

Einige Zeit später begab es sich, dass ich die Kunst des Bondage erlernen sollte, um darüber in einer Sendung fachgerecht sprechen zu können. In einem großen Sex-Shop gab es ein Hinterzimmer, und in diesem Hinterzimmer gab ein Mann mittleren Alters Bondage-Kurse. Ich war enttäuscht, wie immer, wenn man mit zu hohen Erwartungen loszieht. Das Hinterzimmer strahlte nichts aus von der atemlosen Erotik des Zimmers in San Francisco. Dies hier sah eher aus wie das traurige Arsenal eines gefeuerten Bühnenarbeiters, der sich seinen kleinen Teil eines Theaterkellers für zu Hause nachgebaut hatte. Es war stockdunkel, und von der Decke hingen eine Menge Seile. Der Mann war sehr sympathisch und hatte etwas von meinem Onkel Jerzy, ein leidenschaftlicher Motorradfahrer, der immer Schnauzbart und seitlich des Beins geflochtene Lederhosen trägt. Von sexuellem Flirren keine Spur, aber ich war ja auch nicht hier, um mich zu amüsieren.

Zunächst zeigte der Herr ein paar einfache Schlingungen und die richtige Art, wie man Knoten knotet, denn eine weit unterschätzte Gefahr des Bondage ist das versehentliche Abschnüren von Gliedmaßen. Darum, dies habe ich aus dem Kurs auf alle Fälle mitgenommen, darfst du bitte niemals jemanden ernsthaft mit Wäscheleinen etc. einschnüren, denn eine Durchblutungsstörung kann dauerhafte Schäden anrichten, und es sind schon Leute beim unsachgemäßen Verschnüren zu Tode gekommen.

Überhaupt ist Bondage eher Kunst als Sexpraktik, und das Flirren entsteht durch ein kunstvolles Spiel mit der Macht und dem Kontrollverlust. Davon war ich natürlich weit entfernt. Ich hatte so meine Schwierigkeiten mit den Knoten. Plötzlich ahnte ich, dass es kein Zufall war, dass ich das richtige Schnüren von Schnürsenkeln erst mit sieben Jahren gelernt habe.

Die Seile, die wir benutzen sollten, waren aus Hanf geflochten. „Die sind sehr weich", sagte der Bondage-Meister, „das sind die gemütlichsten, die ich kenne." Offenbar bin ich empfindlich, denn mich pieksten sie enorm, als er mir die Handgelenke zusammenband, um mir die Wichtigkeit von doppelt geführten Seilen zu demonstrieren, „damit nichts abstirbt". Fasziniert beobachtete ich, wie er geschickt Knoten um Knoten knotete, bis ich mich nicht mehr rühren konnte. Ein beklommenes Gefühl machte sich in mir breit, vor allem, weil die anderen über meinen panischen Gesichtsausdruck lachten. Als ich ungefähr zehn Jahre alt war, haben mich meine Cousins mal an die Scheune meiner Tante gefesselt. Seitdem mag ich es gar nicht mehr, wenn man mir die Hände zusammenbindet. Schweiß perlte auf meiner Stirn. Als ich befreit war, probierte ich die Knoten an einer anderen Teilnehmerin, aber alle Versuche sahen aus, als wollte ich sie als Geschenk verpacken. Und das, obwohl ein Kreuzknoten oder ein Achter eigentlich kein Problem für mich alte Ruderin ist. Ich war die schlechteste Bondage-Elevin aller Zeiten.

In der Mittagspause streifte ich durch den Laden. Es gab alles von Latex-Anzügen bis zu Anal-Stöpseln, aber eine gläserne Vitrine in einem Seitengang erregte meine Aufmerksamkeit besonders. Darin lagen mehrere silberne Stangen verschiedener Breite und Länge. „Wofür sind denn die?", fragte ich einen Mitarbeiter, der mit einem Stapel Gummizeug an mir vorbeieilte. Er blieb kurz stehen, guckte mich von oben bis unten an und sagte: „Cockstuffing. Ist nix für dich, hast keinen Penis."

Ich hatte noch nie von Cockstuffing gehört, wahrscheinlich weil es nicht zu meiner Erlebniswelt gehörte und ich zu wenig Pornos im extremen Penis-Bereich geguckt hatte. Aber ich konnte es googeln. Erstens hatte der Mitarbeiter unrecht. Ich hätte sehr wohl Stuffing vornehmen können, denn es geht auch bei Frauen. Zweitens ist die Praxis der sogenannten Harnröhren-dehnung oder Urethral-Stimulation doch weiter verbreitet, als ich dachte, es gab nämlich eine Menge Suchtreffer dazu. Drittens gibt es Männer, die ihre Harnröhre so weit gedehnt haben, dass ein anderer Penis hineinpasst. Viertens ist das Weiten mithilfe von Dilatoren (den silbernen Stangen in der Vitrine) nicht ungefährlich und kann zu üblen Infektionen führen. Fünftens sah ich mir dann noch passende Videos an, sodass mir, sechstens, am Ende schlecht war.

Jeder kann mit seinem Körper machen, was er will. Aber manche Fetische kapiere ich einfach nicht, weil sie die Grenzen der Selbstverletzung weit überschreiten. Zur Beruhigung sah ich mir die DVD-Regale an. Die Hüllen von „Slapping Women" unter anderem. Laut Beschreibung geht es darum, dass sich eine Menge nackter Frauen gegenseitig Ohrfeigen geben. Es muss eine sehr erfolgreiche Reihe sein, denn es gab sieben Teile. Ich hätte gern gesehen, wie rotbackig die Darstellerinnen nach ein paar Minuten aussehen.

Sagen wir so: Mit mir und dem Bondage ging es weiter wie vor der Pause. Der Meister hatte inzwischen seine Assistentin dazugeholt, um an ihr ein paar Hebefiguren zu zeigen. Mit Mühe und sehr langsam bekam ich sogar ein paar Knoten hin, aber mich irritierte, dass sie einen weiten Blümchenrock und eine hautfarbene Strumpfhose mit Zwickel trug. Das passte so gar nicht zu dem, was ich mir optisch erhofft hatte. Nachdem ich ihr aus Versehen fast den Arm ausgekugelt hatte, ließ ich die praktischen Übungen dann sausen und machte stattdessen ein paar Übungsknoten. Als ich nach ein paar Stunden wieder ans Tageslicht trat, hatte ich alles vergessen. Falls du also von mir gefesselt werden willst: Sorry, daraus wird leider nichts.

LIEBE PAULA, MEINE FREUNDIN UND ICH WÜRDEN WIRKLICH, WIRKLICH GERN MAL EINEN DREIER AUSPROBIEREN. ABER WIR SIND UNSICHER, OB SO ETWAS UNSERE BEZIEHUNG ZERSTÖRT.

Also mal ganz von Anfang. Einen Dreier wünschen sich die meisten Leute. Allerdings gibt es immer das Geschlechterproblem. Männer haben plötzlich merkwürdige homophobe Anfälle und faseln etwas von „Schwerter kreuzen", während viele Frauen gern mal die Chance nutzen würden, mit einem anderen Mann zu vögeln. Gleichzeitig sind sie auch dem Sex mit einer Frau nicht abgeneigt, entwickeln dann aber die Sorge, dass die andere attraktiver, sinnlicher oder einfach schlanker sein könnte. Zunächst einmal solltet ihr euch also auf die Konstellation einigen. Frau–Frau–Mann erscheint mir unkomplizierter, weil im Mann–Mann–Frau-Fall nicht selten der andere Mann etwas distanziert und schwertängstlich herumdrucksst, während er auf seinen Einsatz wartet. Wenn ihr euch nicht einigen könnt, probiert doch einfach einen Vierer.

Ich würde die passenden Kandidaten auf keinen Fall aus dem Freundes- oder Bekanntenkreis auswählen, denn nichts ist unangenehmer, als ungewollt von Freunden zu einem Dreier eingeladen zu werden. Mir ist das einmal passiert, und zwar von einem Pärchen, bei dessen Anblick ich wirklich kein einziges Mal gedacht habe: „Wow, das ist so ein Hammer-Pärchen, ich wünschte, ich könnte mal Sex mit denen haben." Ihnen ging es offenbar anders, denn: „Du bist unsere Konsens-Frau!" Toll. Ich weiß nicht, ob der Plan über Jahre gereift ist („Jetzt ist sie fällig!"), ob sie einer spontanen Eingebung folgten, weil ich meine besonders knackige Jeans anhatte, oder ob ihnen ihre Paartherapeutin geraten hatte, sich zwecks Aufpeppung ihres erlahmenden Liebeslebens einfach mal eine dritte Person dazuzuholen, am besten jemanden, den sie beide kennen. Ungewollt zum Dreier eingeladen zu werden ist ungefähr so, wie morgens aus Versehen ohne Hose zum Bäcker zu gehen. Es ist peinlich, und man wird danach mit anderen Augen angesehen. Wer gefragt wird, wird unwillentlich zum Sexobjekt gemacht. Meine ehemals vernünftigen Freunde haben sich damals in zotendreschende Sexmonster verwandelt, die mir ans Höschen wollten. Ich kam mir belästigt vor, gleichzeitig wollte ich sie nicht beschämen. Einmal ertappte ich mich dabei, wie ich mich für eine Party extra sackartig kleidete, damit nichts von meiner Kontur Anlass zu sexuellen Anspielungen geben konnte. Also, frag bitte niemanden, den du kennst.

Die meisten Leute, die geplant an solche Abenteuer gehen, suchen sich ihre Kandidaten im Internet. Es gibt Seiten mit mehr (poppen.de) oder minder (joyclub.de) schrecklichen Namen, auf denen sich Gleichgesinnte treffen, wie man so sagt. Allgemein würde ich nicht mit zu großen Erwartungen zu einem Treffen gehen, denn die Chance auf eine Enttäuschung ist recht groß. Schließlich muss die Person beiden schmecken.

Und ob ein Dreier oder Vierer eure Beziehung beschädigen kann, liegt ganz am Zustand selbiger. Ich meine, es geht hier nicht um Liebe, sondern um Sex. Und wenn ihr euch den Spaß nicht gönnen könnt, dann lasst es am besten gleich.

Da hätte ich noch was! Erektionen halten

Viele Männer haben ein Problem mit vorzeitigem Samenerguss. Das ist frustrierend und auf Dauer auch ein Stressfaktor in der Beziehung. Männer sind da natürlich von der Natur benachteiligt. Wenn es wirklich gar nicht funktioniert, würde ich es mit

Körperarbeit versuchen, Atemarbeit nach Ilse Middendorf, meditieren oder sogar Yoga, damit man als Mann seine Resonanzräume im Becken spüren lernt und einem beim Sex nicht immer das Gefühl für einen selbst wegflutscht.

Manche Männer sind auch einfach unfokussiert und verlieren sich in der Hitze des Gefechts. Kürzlich fragte mich ein Mann: „Was tust du eigentlich, um deinen Orgasmus hinauszuzögern?" – „Was meinst du?", sagte ich. „Ich bin eine Frau. Wenn ich orgasmiere, warte ich kurz, und dann komme ich gleich noch mal." Das ist natürlich ein Glück. Männer sind da weniger beschenkt und müssen höllisch aufpassen, sich nicht von einer Woge der Lust hinwegspülen zu lassen, denn während Frauen zur Not einen Orgasmus auf halbem Wege verrecken lassen können, ist der männliche *point of no return* ein gern gesehener Anlass für Hohn und Spott. Vom Cousin meiner Freundin Mimi etwa ist die hübsche Geschichte überliefert, dass er den Bildschirm ausschaltete, auf dem ein Porno lief, sein Gemächt mit dem Mathebuch zudeckte und kam – all das, während er seiner Mutter, die plötzlich ins Zimmer getreten war, erklärte, wie sein Tag in der Schule war.

Wenn man seine männlichen Freunde fragt, woran sie denken, um den Höhepunkt hinauszuzögern, bekommt man recht interessante Antworten. Probier es mal aus.

Claus denkt an den Tod seines ersten Hundes Benno. Allerdings nur in Härtefällen. Einmal ist es ihm passiert, dass er deshalb heulen musste, allerdings konnte er der Frau glaubhaft versichern, er weine aus sexueller Ekstase.

Robert denkt an seine Steuererklärung. Er sagt: „Ich handle gern in Klischees. Manchmal stelle ich auch Einkaufslisten zusammen." Einmal hat er die Einkaufsliste aus Versehen laut vorgetragen, sie fand es blöd.

Martin atmet tief in den Bauch und stellt sich vor, er wäre eine Tropfsteinhöhle (ich bin mit Martin verwandt, allerdings nur zweiten Grades).

Thorsten denkt an all die Frauen, die ihm in seinem Leben das Herz gebrochen haben. Er gibt allerdings zu, dass das nicht bei der Verzögerung hilft, sondern ihn lediglich wahnsinnig wütend macht. Was die Ursache für seinen miesen Ruf als Liebhaber sein könnte.

Philipp denkt an rein gar nichts, was bei Philipp allerdings total normal ist.

Samuel glaubt an die Theorie „Erst einen blasen lassen, kurz warten, dann vögeln" und hat also keine Probleme mit dem Zeitmanagement. Dafür damit, Frauen zu finden, die das Spiel dauerhaft mitmachen.

Sebastian kommt immer nach spätestens 60 Sekunden, hat dafür einen exzellenten Ruf in Sachen Oralsex.

Manchmal kommt es mir vor wie ein Wunder, dass Männer und Frauen tatsächlich zusammenpassen.

Es gibt natürlich auch Penisringe. Die sind meist aus Silikon und werden über den Penis bis zur Wurzel gezogen, wo sie verhindern, dass das Blut zu schnell abläuft. Manche ziehen sich Penisringe sogar bis über den Hodensack.

Ganz ehrlich, mein Geschmack sind Penisringe nicht, weil ich dann immer Mitleid mit dem armen Penis bekomme. Aber probier es ruhig mal aus, ich kenne eine ganze Menge Leute, die darauf schwören.

MEIN FREUND UND ICH WOLLEN UNS ZUM EIGENGEBRAUCH BEIM SEX FILMEN. GIBT ES POSITIONEN, BEI DENEN MAN BESONDERS VORTEILHAFT UND SEXY AUSSIEHT?

Hausgemachte Pornos bereiten der professionellen Pornografie seit Jahren einige Schwierigkeiten, weil sie den Markt überschwemmt haben und sich um die *home made films* inzwischen eine große Fangemeinde versammelt hat. Offenbar stehen die Leute auf Darsteller, Licht und Locations, die aussehen, als hätte man bei Tante Tilly in der Küche gefilmt, aber ich muss leider erwähnen, dass ich nicht dazugehöre. Mir sind die privaten Darsteller zu real, darum kann ich auch keine Reality-Dokus angucken, ich halte es schlicht nicht aus. Wenn schon Film, dann müssen Illusionen her, finde ich. Getrimmte Körper, bizarre Settings und merkwürdige Dialoge, was ja auch auf die meisten Kinoproduktionen zutrifft.

Aber du hast ja nicht gesagt, dass du dein Werk veröffentlichen willst, sondern es ist nur für euch bestimmt. Das macht die Sache einfacher. Ich muss dich trotzdem warnen. Keine Ahnung, ob du dich schon mal beim Sex gesehen hast, aber der Anblick eines in echter Ekstase entrückten Menschen sieht selten so aus, wie du es dir vielleicht vorstellt.

Gut möglich, dass dir die Gesichtszüge entgleisen oder du seltsame Dinge sagst, die dir hinterher im Film so gar nicht Oscarverdächtig vorkommen. Wenn der Film durch einen Fehler an die Öffentlichkeit kommt, ist es sehr wahrscheinlich, dass ihr eine Menge Applaus bekommt. Allerdings von Menschen, die euch schreiben, was sie zu eurem Porno alles gemacht haben, und von Leuten, die in der Fußgängerzone ein Foto mit euch machen wollen. Du sagst, dass das Filmchen nie an die Öffentlichkeit käme? Das haben schon eine Menge Menschen vor dir gedacht.

Ein paar grundsätzliche Tipps gebe ich dir trotzdem. Das Licht ist der Schlüssel zum Glück. Mit dem richtigen Licht sieht alles besser aus. Ich habe von einer Fernsehmoderatorin gehört, die zu Terminen nicht mit ihrer eigenen Visagistin erscheint. Nein, sie hat ihren eigenen Beleuchter dabei! Das ist natürlich unheimlich bizarr und divenhaft, aber auf der anderen Seite unwahrscheinlich clever, denn, wie gesagt, mit dem richtigen Licht ist alles besser. Das Licht sollte überzeugend, aber doch sanft sein und von einem warmen Grundton. Im Profi-Handel könnt ihr euch ein sogenanntes Beauty-Dish besorgen oder aber eine schöne Beleuchterfolie, die ihr vor den Lampenschirm klemmt.

Die richtige Position ist kniffliger zu finden. Es kommt nämlich darauf an, wo die Kamera befestigt ist. Wenn ihr eine Handkamera benutzt, macht es Sinn, auf keinen Fall von unten zu filmen, denn Menschen sehen von unten gefilmt schrecklich doof aus. Genau wie bei Selfies ist von schräg oben kommend der günstigste Winkel. In diesem Fall lohnt es sich, die Kamera auf ein Stativ zu stellen. Ein Grund, warum bei Pornos meist Nahaufnahmen gezeigt werden, ist der, dass es schlicht besser aussieht. Rückt lieber näher an die Kamera heran als weiter weg, dann könnt ihr hinterher immer noch behaupten, ihr hättet ein Kunstprojekt entwickeln wollen. Die Kamera mit Blicken ins Spiel einzubeziehen ist etwas für Könner, vielleicht findet ihr im Internet noch den Film der Sängerin Severina Vučković, der ein einsames Beispiel für gelungenen *home made porn* ist.

Mein ehrlicher Tipp ist aber ein ganz kurzer: Lasst es sein. Die Chance, dass es weder vorteilhaft noch sexy aussieht, ist nämlich ziemlich groß.

PORNOS

In der zweiten Staffel hatte ich einen männlichen Pornodarsteller zu Gast. Er hatte das Gefühl, zwischen zwei Frauen zu stehen (wobei ich glaube, er wollte einfach Gast in meiner Sendung sein und das Okay, die eine abzuschießen, aber egal). Die Schwierigkeit bei meiner Sendung ist es, nicht nur talking heads zu zeigen, also Leute, die reden, sondern irgendwie ein bisschen Action anzubieten. Da wiederum dürfen wir wegen des Jugendschutzes nichts zeigen, was auf sexuelle Handlungen hindeutet. In jeder Sendung haben wir das gleiche Problem: Was zeigen wir nur, um das Leben des Protagonisten ein bisschen anschaulicher zu machen? In diesem Fall lag es auf der Hand, etwas aus dem beruflichen Umfeld zu zeigen. Fein für mich. Ich bin mit Nacktheit überhaupt nicht leicht einzuschüchtern. Auch nicht von Pornos.

Einmal, bei den Dreharbeiten zu „Unter fremden Decken", sollte ich mir die Pornoszene von L. A. näher anschauen. Der Dreh, den wir besuchten, fand in einem grottigen Viertel in einem noch grottigeren Haus statt, das ein Norweger an Produktionen vermietete. Zu den Drehtagen lud er immer all seine Freunde ein, die dann mit gezückter Kamera ums Set herumstanden und geiferten. Es war einigermaßen widerlich.

Die männlichen Darsteller hießen Lee Bang und Wesley Pipes, und da sie nackt waren, konnte ich sehen, woher sie ihre Namen hatten. Zwar hatte Wesley Pipes wegen der 46 Grad Celsius leichte Performance-Schwierigkeiten, konnte das aber wettmachen, weil sich Lee Bang den Text nicht merken konnte. Dabei war der Plot recht übersichtlich.

Männer (dunkelhäutig, rascheln durch das Gebüsch, kommen vor einem Whirlpool zum Stehen, in dem sich eine blonde Frau räkelt): „Da ist sie!"

Frau (schreckt hoch): „Huch, wer seid ihr denn?"

Mann (schiebt gestählten Oberkörper in die Sonne, tupft sich mit Bandana die Stirn ab): „Wir sind deine Nachbarn. Wir wollen, äh, die Vielfarbigkeit unserer Nachbarschaft fördern."

(Alle fallen übereinander her.)

Wenn mal nicht gevögelt, sondern das Set ein bisschen verändert wurde, standen Wesley Pipes und Lee Bang mit Rohr in der Hand kurbelnd in der Gegend herum und sprachen über Football, während sie darauf warteten, dass Heidi, so hieß die Dame, an einer anderen Stelle des Gartens wieder in Position ging. Es war öde, und als nach einer Ewigkeit endlich üppig ejakuliert wurde, klatschten alle Umstehenden erleichtert Applaus.

Ich weiß also, wie bescheuert und unsexy Pornodrehs sind. Darum dachte ich mir auch nichts, als es hieß: „Nach Talk-Block zwei guckt ihr euch dann auf dem iPad seinen allerersten Film an." Klar, kein Problem, ist ja nur ein Porno. Es ist aber etwas vollkommen anderes, wenn man dem jungen Mann beim Sex auf Film zusieht, während er neben einem sitzt. Ich musste ja während des Guckens auch sprechen und lobende Worte finden. Leider gab der Film wenig anderes her, und so zauberte ich Sätze hervor wie: „Mensch, doll, du hast aber einen langen Penis!" Oder: „Ach, guck mal. Das hat dir aber gefallen." Ich war knallrot, und ehrlich gesagt habe ich mich in meinem Erwachsenenleben noch nie so geniert wie in diesem Moment.

ICH HATTE NOCH NIE EINEN ORGASMUS. WAS MUSS ICH TUN?

Wenn Orgasmuslosigkeit dein Problem ist, dann bist du damit nicht allein. Leider bekommen viele Frauen keinen Höhepunkt, zumindest nicht bei der Penetration. Knapp 60 Prozent, sagen manche Studien. Andere erleben nicht mal einen bei der Selbstbefriedigung. Der weibliche Orgasmus ist im Vergleich zu dem männlichen ein kniffliges Konstrukt. Das liegt zum einen an der weiblichen Anatomie, aber auch an falscher Technik und der Psyche – manche Frauen können einfach nicht loslassen oder sich eine befriedigende Sexualität erlauben. Herauszufinden, warum jemand keinen Orgasmus bekommt, ist also ziemlich komplex, weil es wichtig ist, die Hintergrundgeschichten zu kennen. Übrigens scheint das ein Hetero-Problem zu sein, denn die homosexuellen Frauen, die ich gefragt habe, kommen fast immer zum Orgasmus.

In meiner Sendung „So kommt Deutschland" schickte ich einmal eine junge Frau, die noch nie einen Orgasmus hatte, zu einer Tantra-Therapeutin. Ich kam deshalb auf die Idee, weil ich bei Tantra-Massage blitzschnell kommen kann, und dachte, dass es bei anderen mit etwas Zeit sicher auch klappen würde. Und bei meinem Gast hatte es auch nach einem langen Vorgespräch nichts gegeben, was dagegen sprach. Etwas störend war sicherlich, dass wir den gesamten Prozess zumindest teilweise filmisch begleiteten.

Ich weiß nicht, ob du die Sendung gesehen hast, aber am Anfang gab es eine kurze Sequenz, in der wir uns auf Geheiß der Tantra-Therapeutin erst mal locker tanzen mussten. Sagen wir so: Wir waren danach beide nicht mehr ganz überzeugt. Als es dann um die Berührung selbst ging, verließen das Team und ich das Studio, damit sie die nötige Privatsphäre hätte. Um die Ecke war eine klebrige Dönerbude, dort setzen wir uns hin und warteten. Eine Stunde. Zwei Stunden. Schließlich wurde es mir zu bunt, weil ich mir vorstellte, was die dauerhafte Stimulation mit der armen Vulva meines Gastes machte. Nachdem ich eine halbe Ewigkeit gegen die Fensterläden gehämmert hatte, machte die Therapeutin schließlich mit ölverschmierten Armen auf. Mein

Gast lag mit enttäuschtem Gesicht auf dem Boden, umgeben von einem großen Haufen benutzter Einmalhandschuhe und allem, was es an Vibrationsgeräten so auf dem Markt gibt. Sie war ölig und völlig erschöpft, gekommen war sie immer noch nicht.

Obwohl ich grundsätzlich Anhängerin des Prinzips „Viel hilft viel" bin, rate ich dir, dich deiner Vulva erst einmal mit freundlicher Besonnenheit zu nähern. Du kannst dich mit den anatomischen Begebenheiten vertraut machen und anschließend dazu übergehen, dich sanft zu streicheln. Nimm dazu ein richtig gutes Olivenöl. Erkunde dich, und zwar ausführlich. Viele Frauen neigen dazu, ihre Klitoris zu attackieren, als gelte es, sie zu besiegen. Tu das nicht. Streich über deine Schamlippen, innen wie außen, fahr mit dem Finger hoch und wieder herunter und denke vor allem nicht daran, dass du unbedingt einen Orgasmus haben willst. Probier dich aus, finde heraus, was sich gut anfühlt. Nimm dir alle Zeit der Welt.

Viele Frauen kommen am besten mit Sextoys zum Orgasmus. Wie du weißt, habe ich bei Amorelie meine eigene Kollektion herausgebracht, die ich extra als Grundausstattung konzipiert habe. Wichtig war mir auch, dass die Vibratoren nicht wie Penisersatzteile aussehen, sondern einen schönen, coolen Look haben. Durch die Vibration werden die Klitoris und das Gewebe um den G-Punkt maximal stimuliert, was dafür sorgt, dass man sich gegen einen Orgasmus im Zweifelsfall gar nicht wehren kann. Probier einfach aus, was für dich am besten funktioniert. Möglicherweise ziehst du auch einen Dildo vor, also ein Toy, das nicht vibriert.

Wie sehr eine Frau orgasmusfähig ist oder nicht, hängt auch von ihrem Beckenboden ab. Eine Studie aus Belgien hat festgestellt, dass man anhand des Ganges einer Frau ihre Orgasmusfähigkeit abschätzen kann. Frauen, die einen freien, lockeren Hüftschwung haben, sind orgasmusfreudiger als solche mit einem beklommenen Stechschritt. Der Grund dafür ist, dass bei den schwingenden Frauen die Beckenbodenmuskulatur kräftig und trainiert ist. Ein probates Mittel, um den Beckenboden zu stärken ist es übrigens, häufiger Mal zu hocken, anstatt auf einem Stuhl zu sitzen. Durch das Hocken spannt sich der Beckenboden an und wird wieder geschmeidiger.

Nicht zuletzt tut natürlich auch die Stellung, in der du Sex hast, ein Übriges. Wenn mir eine Frau erzählt, dass sie fast immer Doggy Style macht, aber nie kommt (wobei es natürlich Frauen gibt, die genau so kommen können), rate ich immer, die Stellung zu wechseln. Für Frauen mit Orgasmusschwierigkeiten sind solche optimal, bei denen möglichst viel Kontakt und ergo Reibung an den Geschlechtsteilen entsteht. Ideal sind:

Die Missionarsstellung.

Allerdings hier darauf achten, dass er kleine Bewegungen macht und nicht bei jedem Stoß Anlauf nimmt wie beim Bobfahren. Gut ist auch, wenn er dann deinen Hintern in beide Hände (oder aber wenigstens in eine) nimmt und dich ganz nah zu sich heranzieht.

Die Reiterstellung.

Erstens hast du dann die Kontrolle über die Auflagefläche und auch das Tempo, zweitens kann man sehr schön viel sehen. Und zwar beide!

Die Schere.

Bei der Schere sind die Beine übereinander gekreuzt, sodass die Geschlechtsteile sehr viel Auflage haben. Man kann zwar nicht knutschen, aber dafür herrlich kommen.

Falls es auch so nicht klappt, schreib mir. Keine Panik, wir kriegen auch dich zum Höhepunkt!

STIMMT ES, DASS WIR MÄDELS UNS ZUM ORGASMUS DENKEN KÖNNEN?

Stimmt tatsächlich! Es gibt Frauen, die sich mit reiner Gedankenkraft soweit stimulieren können, dass sie zum Orgasmus kommen. Das hat weniger mit Telepathie oder Zauberei zu tun, sondern zeigt, dass die menschliche Sexualität sehr stark von der Psyche abhängt. Im Englischen gibt es dafür sogar eine Bezeichnung: *thinking off*. Im Grunde geht es darum, sich intensiv mit dem eigenen Körper in Verbindung zu setzen. Tantra & Co. helfen dabei. Selbst wer kein *thinking off* erreicht, tut sich etwas Gutes. Denn wer innerlich ständig mit dem Sortieren von Pflichten beschäftigt ist, hat deutlich weniger Freude an der Sexualität.

MEINE FREUNDIN HAT VIEL TOLLERE SEXFANTASIEN UND IST ALLGEMEIN VIEL EXPERIMENTIERFREUDIGER. WAS MUSS ICH ALLES GETAN HABEN, UM ALS ERFAHRENER LIEBHABER DURCHZUGEHEN?

Jetzt mal ganz ruhig. Blümchensex ist erstens viel besser als sein Ruf. Und zweitens hättest du schon mal einen großen Vorsprung vor vielen, wenn du dich mit der grundsätzlichen Anatomie von Frauen beschäftigt hättest. Da draußen gibt es sehr viele Stocherer (umgekehrt natürlich auch, sorry), du ahnst nicht, wie viele Frauen mit wunder Klitoris herumlaufen.

Zur Grundausstattung gehört erst einmal, ein liebevoller Küsser zu sein, gern Oralsex zu praktizieren (weil Frauen so meist am leichtesten kommen), nachzufragen, wie es ihr gefällt, und Stellungen zu praktizieren, bei denen sie eine Chance hat, einen Orgasmus zu erreichen, und nicht nur solche, bei denen der Mann kommen kann.

Was die Fantasien betrifft, kannst du ebenfalls beruhigt sein. Die meisten sind gar nicht so abwegig oder exotisch, und möglicherweise wird dir das Leben sowieso die ein oder andere Chance vor die Füße spülen. Auf Platz eins der Fantasien bei Frauen sind Sex mit einer Frau oder Dreier, was sich ja prima kombinieren lässt. Gefolgt von Rollenspielen. Das Rollenspiel klingt irre kompliziert, aber, wie ich an anderer Stelle schon schrieb, reicht manchmal wirklich eine winzige Modifikation im Alltag, um das Spiel zum Laufen zu bringen. Auf Platz drei kommt „Auf Sex-Party/in einen Swinger-Club gehen". Hierzu darf ich dir, mit Erlaubnis, kurz zeigen, was mir eine Dame mal geschrieben hat:

„Wenn mich Leute fragen, wie mein Beziehungsstatus ist, dann sage ich immer ‚gut ausgelasteter Single'. Meistens fragen sie dann nicht weiter nach, weil viele grundsätzlich nicht gern über Sex reden, ich allerdings schon! Mit dem gut ausgelastet sein meine ich, dass ich endlich genau so viel und vor allem den Sex habe, den ich möchte. Bis vor zwei Jahren war ich noch mit meinem Freund zusammen, acht Jahre lang. Aber viel Sex hatten wir nicht mehr, und selbst wenn, merkte ich doch, dass mir etwas fehlte. Ich wollte mehr Männer. Das klingt vielleicht merkwürdig, aber mir gefiel dieser Gedanke, einen richtigen Harem befehligen zu dürfen, so sehr, dass er mich nicht mehr losließ. Die Idee stammte aus einem Porno, den ich mal gesehen habe. In dem Film hatte eine Frau ungefähr zehn Männer um sich, und ständig rief sie Kommandos, was die Männer tun sollten. Mein Freund hatte auch Lust auf Dreier oder mehr, allerdings nur mit Frauen. Das hat mich nicht so interessiert.

Nach der Trennung habe ich mich mit einer Freundin verabredet, die auch mal in einen Swinger-Club gehen wollte. Die Menschen dort waren vielleicht nicht alle mein Typ, aber das spielte irgendwann keine Rolle mehr, weil die sexuelle Stimmung so aufgeladen war. Wenn du Leuten beim Sex zuguckst, kannst du gar nicht anders, als selber Sex zu wollen. Im ersten Stock gab es eine Liege, die ganz klar für Gang Bangs ausgelegt war. Ich finde es immer noch irre, wie mutig ich damals war, aber ich war wohl einfach entschlossen, meiner Fantasie Raum zu lassen. Also setze ich mich auf die Liege und deutete einem gut aussehenden Typen an, herzukommen. Und noch einem. In einem Club muss man nicht viel reden, es ist ja klar, worum es geht. Also sagte ich zu dem einen: ‚Ich möchte, dass du mich leckst' und zu dem anderen, dass er meine Brüste streicheln solle. Schnell gesellten sich noch andere Männer dazu, die Pupillen weit vor Lust. Ich fühlte mich machtvoll wie nie zu vor. Wie eine Kaiserin. Ehrlich gesagt, hatte ich noch nie so viele Orgasmen, aber das war gar nicht das Wichtigste. Ich bäumte mich wieder und wieder auf und befahl dazwischen, wer in mich eindringen sollte und wer mich nur streicheln durfte. Wer frech wurde, dem haute ich auf die Finger und schickte ihn nach hinten in die zweite Reihe. Alle taten genau, was ich wollte, ich glaube, weil klar war, dass ich wusste, was ich verlangen möchte. Am Schluss waren es bestimmt acht Männer, und als ich von der Liege stieg, verschwitzt, aber wahnsinnig glücklich, fühlte ich mich so stark, schön und selbstbestimmt wie nie zuvor. Zwei Dinge sind mir klargeworden: Ich werde mir nie wieder von einem Mann sagen lassen, was ich zu tun und zu lassen habe. Und meine Sexualität macht mich stark und lebendig. Darum ist es so wahnsinnig wichtig, für eine selbstbestimmte Sexualität einzutreten. Momentan gehe ich ein, zwei Mal im Monat in den Club. Und ich hole mir immer, was ich brauche."

Es gibt Frauen, die brauchen ganz viel sexuellen Input. Sofern deine Freundin sich aber das Ausleben sexueller Fantasien nicht zum Hobby macht und grundsätzlich zufrieden ist, musst du dir überhaupt keine Sorgen machen. Ich kann dir trotzdem raten, offen zu bleiben für Neues. Weißt ja: Wer rastet, der rostet.

LIEBE PAULA, HAST DU EIGENTLICH DEN BESTEN SEX DER WELT?

Haha, göttliche Frage. Fast wäre ich an meinem Brötchen erstickt! Aus wissenschaftlichen Gründen habe ich manchmal sogar extrablöden Sex, damit ich dich a) zum Lachen bringen kann und b) du weißt, dass Scheitern zum Leben dazugehört. Ich kann dir aber garantieren, dass Sex bei uns sehr präsent ist, weil ich alles ausprobieren muss, damit ich darüber reden kann.

Einmal habe ich etwas ausprobiert, was sich „Slow Sex" nennt. Grundsätzlich ist der super, vor allem für Paare, die verzweifelt sind, weil ihr Sex nicht mehr so ist, wie er früher mal war. Wenn Menschen ein bisschen länger zusammen sind als, sagen wir 18 Monate, fangen sie an, sich Sorgen zu machen. Zuerst befürchten sie, so zu werden wie „die anderen". „Die anderen" sind ein beliebtes Feindbild, es sind langweilige Pärchen, die sich mit gemeinsamen Kochabenden und Spielerunden vergnügen, anstatt so viel Geschlechtsverkehr und Party zu betreiben, wie es der Terminkalender zulässt. Dann entdecken die meisten Pärchen, dass sie längst zu den anderen gehören. Sex spielt sich in den meisten Beziehungen irgendwann vor allem in Gedanken ab – jenen Gedanken, die einem sagen, dass man mal wieder Sex haben müsste. Weil das der Beziehung guttut. Das soziale Gefüge festigt. Und außerdem ganz allgemein gut für die Gesundheit ist, zum Beispiel gegen Orangenhaut.

Die Sorge, nicht den Sex zu haben, den man eigentlich haben sollte, betrifft also geschätzte 99 Prozent der Bevölkerung. Das ist eine Zielgruppendichte, von der Unterhaltungselektronikanbieter nur träumen können. Weil der Markt so groß ist, gibt es auch eine Menge Angebote, die bei Sexfrust Abhilfe schaffen sollen: Swinger-Clubs, Tantra-Kurse, Hodenkneten für Anfänger. Mir fiel vor einigen Jahren eine CD von Diana Richardson in die Hände. Slow Sex will den wettbewerbsfreien Sex ins Schlafzimmer zurückbringen.

Da ich wirklich fast alles ausprobiere, bat ich eines Abends, den mir vom Leben zugeteilten Mann, sich sehr langsam auf den Weg ins Schlafzimmer zu machen. Langsam vor allem deshalb, damit ich noch Zeit hatte, die Anweisungs-DVD zu Ende zu gucken. Beim Slow Sex geht es darum, das orgasmusorientierte Gevögel sein zu lassen und sich stattdessen wieder ganz auf das eigene Empfinden und die Empathiefähigkeit zu konzentrieren. Ganz wichtig dabei ist der Blickkontakt.

Wie gesagt, das Ganze ist Jahre her. Als ich zum Mann geschlendert kam, bemühte ich mich also sofort, den Blickkontakt nicht abreißen zu lassen. Tatsächlich versuchte ich, etwas Laszivität in meinen Blick zu mixen, hörte aber schnell wieder damit auf, weil ich nicht sicher war, ob das schon wieder Manipulation war. Es ist im Leben schwer, die richtige Balance zu finden..

„Warum siehst du mich so komisch an?", fragte der Mann im Bett. „Ist dir nicht wohl?"
„Ich kommuniziere mit dir", schimpfte ich. „Das ist wieder mal typisch, dass du das nicht honorierst." Zum Glück gelang es mir schnell, die Stimmung durch langsames Streicheln wieder zum Schwellen zu bringen. Mein Bedürfnis nach Augenkontakt sorgte aber weiter für Unruhe.
„Ich kann nicht, wenn du mich so anstarrst", sagte der Mann. „Guck gefälligst woanders hin!"

„Aber das ist wichtig", sagte ich, „wir müssen unsere Seelen zum Schwingen bringen. Sie sollen auf einer Wolke gemeinsam in den Himmel schweben." So stand es nämlich in der Anleitung.

„Himmel", sagte der Mann. „Die Aborigines können das sogar, wenn sie meilenweit voneinander entfernt sind. Die brauchen auch keinen ständigen Blickkontakt."

Eine wichtige Maßgabe von Slow Sex, nämlich „eine Erektion kommt und geht", bekam er dann aber ganz gut hin. Sie ging nämlich und kam nicht wieder.

„Wir sind heute einen großen Schritt weitergekommen", sagte ich, während ich die schlaffe Raupe in seinem Schoß betrachtete, und muss aber mit Abstand sagen, dass Slow Sex eine wirklich gute Sache ist, auch wenn ich sie damals nicht besonders ernst genommen habe. Ich finde es sehr wichtig, beim Sex albern zu sein. Nicht immer natürlich, ich bin ja kein Lachsack. Aber ab und zu. Darum nehme ich, wenn ich DVDs oder Bücher zugeschickt bekomme, Anleitungen immer wortwörtlich. Manchmal murmele ich sie auch mit, was eine echte Herausforderung für beide ist. Also ja, vielleicht habe ich doch den besten Sex der Welt. Ich kann dabei nämlich sehr viel lachen.

MEIN FREUND STEHT AUF VERSÖHNUNGSSEX. ICH GLAUBE SOGAR, DASS ER ABSICHTLICH STREIT ANFÄNGT, NUR DAMIT ES WIEDER SO RICHTIG FUNKT ZWISCHEN UNS. MICH ZERMÜRBT DAS. WAS WÜRDEST DU TUN?

Ich hatte auch mal so eine Beziehung. Wir haben gestritten, gebrüllt, gefaucht, geflucht. Uns geschworen, dass es das diesmal wirklich war mit der Beziehung, denn: Der spinnt wohl! Und dann, wenn der erste Qualm sich verzogen hatte und wir beide zerknirscht zugeben mussten, dass wir falsch lagen, ja, dann gab es nur eine Art, damit umzugehen. Ab auf die Laken! Versöhnungssex ist vielleicht der feurigste Verkehr, den eine Beziehung so zu bieten hat. Und gleichzeitig der pikanteste. Ach, ich sag es ehrlich: Eigentlich ist er Quatsch. Versöhnungssex ist nur deshalb so toll, weil er alles vereint, was Sex am Anfang jeder Beziehung so intensiv macht, dass man gar nicht genug davon bekommen kann. Die ungezügelte Lust, den Wunsch, zu gefallen, die Aggression, das zu bekommen, was man unbedingt will. Das großartige Gefühl danach.

Aber machen wir uns nichts vor. Beziehungen sind harte Arbeit. Ständig wird man nicht nur mit den Fehlern des anderen konfrontiert, sondern, schlimmer noch, mit den eigenen. Dazu kommen der Stress und die alltäglichen Probleme, zum Beispiel mit der Figur. Du lachst? Nein, nein, das ist wirklich ein Thema: Studien haben bewiesen, dass Menschen in Paarbeziehungen stetig zunehmen, kein Wunder also, dass man manchmal einfach sauer sein muss! Und natürlich ist da noch die große Sexdiskussion. Haben wir genug davon? Brauchen wir mehr? Ist es normal, dass die sexuelle Aktivität in längeren Bindungen nachlässt? Und wie reagiert man adäquat auf krasse Streitigkeiten? Mit Trennung? Oder Versöhnung?

Zwischen Streit und Versöhnungssex können nicht nur Stunden liegen, sondern auch Tage, Wochen, Monate. Besonders für Personen, die unbewusst Angst vor Nähe haben, ist Versöhnungssex der beste Weg, um den anderen erst ganz weit wegzuschieben – und dann umso näher wieder heranzulassen. Häufig ist bei Streit die Angst im Spiel, verlassen zu werden. Und der Versöhnungssex ist Neueroberung, ein bisschen wie das erste Mal, als noch alles ungewiss war. Die Gier nach dem Neuanfang kann auch durchaus zur Sucht werden. Es gibt Paare, die können nur Versöhnungssex miteinander haben, ansonsten geht gar nichts.

Da ist die Angst vor Nähe riesig, aber am Ende die vor dem Verlassenwerden doch größer.

Diese Variante wird natürlich nicht von allen Paaren gelebt, die hin und wieder die Küche zerlegen, um zwischen Orangen, Äpfeln und umgestürzten Blumen die große Wiedervereinigung zu feiern. Es gibt ja auch noch die Drama-Kings und -Queens, die es schaffen, jede noch so kleine Auseinandersetzung bis auf Hollywood-Niveau zu dramatisieren, um sich anschließend tränenreich in den Armen (und den Geschlechtsteilen) zu liegen.

Bei Versöhnungssex geht es um den Wiederaufbau einer Spannung. Es gibt eine schlechte Variante hiervon, nämlich wenn ihr euch absichtlich gegenseitig (oder einer dem anderen) wehtut, um ebendiesen Thrill wieder zu spüren. Das ist auf Dauer ungesund und schlägt massiv auf das Selbstwertgefühl. Manchmal aber ist die sexuelle Spannung zwischen zwei Menschen auch nur von Alltäglichkeiten verschüttet. Und da sexuelle Anziehungskraft eine Frage von Wahrnehmung, Unterschiedlichkeit und Zuwendung ist, kann sie relativ leicht wieder freigelegt werden. Ein Schlüssel dafür ist die Kommunikation. Kommuniziert ein Paar nur noch in Alltäglichkeiten, wird sich die sexuelle Spannung auf Dauer schlafen legen. Und dann rutscht man als Paar schnell in eine sexuelle Sprachlosigkeit, die überflüssigerweise zu oft in Trennung endet. Die gute Nachricht: Es gibt Wege direkt zurück in die Lust.

Du willst großartigen (und gesunden) Versöhnungssex? Dann habe ich hier zwei Vorschläge, die dich spielerisch zurück ins Rennen stellen.

Kunstvolles Schmollen.

Schmollen ist natürlich zunächst mal eine kindliche Attitüde. Aber Versöhnungssex ist deshalb so wundervoll, weil er einem Rollenspiel gleicht. Zwischen Wut und sexueller Erregung verläuft eine hauchdünne Linie. Natürlich muss sich Aggression irgendwann entladen, ganz genau wie sexuelle Erregung. Wenn sich also nach einem Streit eine enorme Spannung aufgebaut hat, sollte man das ausnutzen. Spiele diese Spannung aus, indem du dich einem liebevollen Katz-und-Maus-Spiel hingibst. Wenn man sich mühevoll erobern lässt, kann man sich dem Partner hingeben wie beim ersten Mal.

Dem Partner die Kontrolle überlassen.

Wenn man sich umhört, dann sind in letzter Zeit häufig die Männer diejenigen, die sich mit Zweifeln, die eigene Rolle betreffend, herumplagen. Möglicherweise liegt das daran, dass Männer sich in der Gesellschaft neu definieren müssen. Sie fühlen sich gewissermaßen ihrer Männlichkeit enthoben, und es gibt nichts Lohnenswerteres, als einen Mann auf genau dieses Terrain zurückzuführen. Feministinnen mögen darüber seufzen, aber ein Mann, der sich ganz als Mann wahrgenommen fühlt in all seiner Andersartigkeit, seiner Körperlichkeit, ja, sogar seiner Aggressivität, wird ein besserer Liebhaber sein. Wer einen Mann ermutigt, beim Sex die Kontrolle zu übernehmen, wird nicht enttäuscht werden. Damit ist natürlich nicht gemeint, sich dauerhaft zu unterwerfen. Aber gelegentlich ihm den Joystick zu überreichen, stärkt ihn in seiner Selbstwahrnehmung, macht ihn selbstbewusster und stärkt sein Vertrauen in die Beziehung. Der ideale Moment, um damit zu beginnen? Nach einem Streit. An dem du schuld warst.

Das Spiel ist im Grunde einfach: Schaffe Erregungen – ohne wirklich in gefährliche Zonen abzudriften. Provoziere den anderen – aber nur ein bisschen. Biete einen Kampf an – aber nur spielerisch. Ob eine Beziehung gesund ist oder nicht, lässt sich leicht herausfinden. Stelle dir einfach drei essenzielle Fragen. Lasst ihr euch aufeinander ein, auch im Liebesleben? Entwickelt sich eure Sexualität weiter? Seid ihr bereit, Konflikte auszutragen, oder lauft ihr lieber voreinander weg? Wenn ihr die ersten drei Fragen mit Ja beantworten könnt, dann ist eure Beziehung absolut in Ordnung.

Natürlich gibt es auch Sex als Fluchtfahrzeug. Eine Menge Paare haben großartigen Sex und ansonsten nicht viel mehr. „Aber der Sex ist so gut", sagen die Beteiligten, wenn man sie fragt, warum sie sich aus dieser Misere nicht endlich befreien. Das ist das Problem und das Heilmittel zugleich – guten Sex miteinander haben zu können bedeutet etwas. Nämlich dass man wenigstens eine der verschiedenen Formen der Kommunikation beherrscht. Aber leider nicht mehr, und darum knallt es natürlich auch öfter. Es gibt Paare, die können diese Energie für sich nutzen und sich über den Sex hinaus entwickeln. Viele sind es allerdings nicht.

Ein weiteres Zeichen dafür, dass Versöhnungssex in einer abhängigen oder toxischen Beziehung stattfindet, ist, wenn als großes Label „Bitte geh nicht!" darüber steht. Das ist zugegebenermaßen einer der Aspekte von Sex, der am knifflisgten ist. Wann ist unsere Lust echt, und wann ist sie ein Ausdruck von Bedürftigkeit? Gerade bei Versöhnungssex ist die Unterscheid gar nicht so leicht auszumachen. Begehren wird häufig durch Abwehr ausgelöst. Wenn unser Gegenüber seine Liebe zu entziehen droht, reagieren wir automatisch mit hemmungsloser Zuneigung. Natürlich ist es immer schön, wenn plötzlich unbändige Gier auf den anderen erwacht, aber warum sie erwacht, das sollte man sich immer genauer anschauen. Kann ich mir grundsätzlich ein weiteres Leben mit demjenigen vorstellen? Ist ein Großteil der Zweisamkeit von positiven Gefühlen geprägt? Bin ich immer noch gern vor meinen Freunden mit ihm zusammen? Teilt der andere meine Lebensziele? Oder habe ich nur Angst, verlassen zu werden? Dass der andere jemand Neues kennenlernt? Du nie wieder jemanden findest?

Manche Paare benutzen Sex als Rückversicherung für den Zustand ihrer Beziehung.

Nach einem großen Streit steht häufig die Frage im Raum, ob ein Paar sich trennen muss oder ob es sich lohnt, an der Beziehung festzuhalten. Sex ist dazu kein hundertprozentiger Antwortgeber, aber er kann unter Umständen in die richtige Richtung weisen. Studien haben bewiesen, dass Paare, die sich nicht mehr riechen können, langfristig keine Chance haben, glücklich eine Partnerschaft aufzubauen. Wenn ihr euren Geruch also noch mögt (auch den Sexgeruch), ist das ein sehr gutes Zeichen! Die meisten Paare geben zu früh auf, an der Beziehung zu arbeiten. Meinetwegen kannst du auch den Sex benutzen, um die richtigen Fragen für die Weiterentwicklung deiner Beziehung ins Rollen zu bringen! Aber Sex sollte nicht aus den falschen Beweggründen heraus gelebt werden – er soll dir immer guttun, nicht schlecht.

Es gibt, wie so häufig im Leben, beim Versöhnungssex eine sehr negative Seite. Viele Psychologen raten nämlich strikt davon ab. Während sich zwei Menschen in einer gesunden Beziehung nach einer Auseinandersetzung durch Sex einfach noch näher fühlen können (und zwar ganz ohne Nebengeräusche), leiden Menschen in einer etwas komplizierteren Partnerschaft unter den zu großen Spannungsfeldern, die sich dann nach einem Streit explosionsartig in wüstem Geschlechtsverkehr entladen. Dieses Gefühl, dass dabei ans Gehirn gesendet wird, entspricht ungefähr der Wirkung eines dauerhaften Kokainkonsums, ausgedehntes High inklusive. Darum kann man nach Versöhnungssex auch süchtig werden.

Mein Rat an dich? Sobald du merkst, dass du gerade aus den falschen Gründen Sex hast und dieser Sex dir nicht guttut, solltest du dich zurückziehen. Zu viel Drama ist nämlich auch nicht gesund. Es ist schon so, dass intensiv erlebter Sex den Startschuss zu einer ganz neuen Ebene der Beziehung werden kann. Es muss einem nur klar sein, warum man häufiger mal Versöhnungssex hat – weil man ohne das Drama nicht leben kann oder weil die

Beziehung noch nicht ganz die Balance gefunden hat, die sie langfristig haben sollte. Du weißt nicht, wo du gerade in deiner Beziehung stehst? Dann warte meinetwegen auf den nächsten Krach. Immerhin ist Sex ja eine Tätigkeit, die nur selten eine Zeitverschwendung ist.

Sex ist so wundervoll, dass es sich immer lohnt, daran zu arbeiten, damit er noch besser wird. Zur Not, und nur zur Not, auch mit schmutzigen Tricks.

LIEBE PAULA, HATTEST DU SCHON MAL EINEN SEXUNFALL?

Zählt beim Sex einschlafen auch als Unfall? Dann auf alle Fälle. Ich war von Ferne in einen Typen verknallt, das heißt, ich starrte ihn auf der Arbeit an und hatte noch nie mit ihm gesprochen. Wir beäugten uns über Monate, bis ich plötzlich eine Einladung zu seiner Geburtstagsparty erhielt. Dort tat ich ausgiebig das, was man auf Partys so tut (tanzen und trinken und allgemein begeistert sein), bis klar war, dass es Richtung Ende der Party zu einem Stelldichein zwischen Geburtstagskind und mir kommen würde. Zu diesem Zeitpunkt war es sicher schon vier oder fünf Uhr, und eine bleierne Müdigkeit hatte sich über mich gebreitet, von der mich auch nicht die Erfüllung eines lang gehegten Paarungswunsches abhalten konnte. Wir knutschen also eine Weile und machten so herum, und da ich mir in monatelangem Schmachten die fabelhaftesten Liebhaberkünste ausgemalt hatte, war ich von der Realität doch arg enttäuscht. Irgendwann fuhr ein Zucken durch meinen Körper. Kurz darauf fiel eine große Schwere von mir ab (er hatte sich von mir heruntergerollt), und ich schlief selig bis elf Uhr. Es wurde übrigens nichts aus uns.

Natürlich gab es auch das obligatorische „Aus Versehen mit Anlauf in die falsche Körperöffnung", was ich nicht empfehlen kann, oder ein gerissenes Kondom. Meiner Freundin Mimi ist es mal passiert, dass das Kondom plötzlich verschwunden war, und obwohl beide hektisch danach suchten, tauchte es nicht wieder auf. Bis sie dann ein paar Stunden später bei der Arbeit herzhaft niesen musste.

Schlimmer erging es da dem Pariser Erzbischof namens Jean Daniélou, der 1974 einen *mors in coitu* erlitt, also einen Tod beim Geschlechtsverkehr, und zwar, als er gerade in einem Bordell zu Besuch war. Der Erzbischof wurde allerdings nicht im Bett einer Dame gefunden, sondern auf dem Kopfsteinpflaster der Rue Dulong, wohin ihn die Damen diskreterweise transportiert hatten. Auch Herzinfarkte beim Geschlechtsverkehr sind gar nicht so selten, ebenso wenig Schlaganfälle, was an der blutdrucksteigernden Wirkung von Sex liegt. Aus Forschungen weiß man auch, dass ebenjener überhöhte Blutdruck bei manchen Menschen auch zu temporärer Blindheit führen kann. Wenn man wissen will, wie gefährlich Sex sein kann, muss man nur in den einschlägigen Medizinjournalen blättern. Im „Spiegel" habe ich ein paar interessante Stücke gefunden. Häufige Unfälle sind demnach:

Der Penisbruch.

Der Penisbruch entsteht meist aus begeistertem Beischlaf in der Reiterstellung, die auf lateinisch übrigens *positio inversa* heißt. Aus mir unbekannten Gründen haben einmal die Experten des Kaohsiung Medical College Hospital in Taiwan errechnet, dass Patienten mit frakturierten Penissen durchschnittlich 41,4 Jahre alt sind.

Die „Orchitis"

Diese Entzündung von Blutergüssen am Hoden klingt wie eine Zierblume, passiert aber bei schwungvollem Aufprall der Eier am Beckenboden der Partnerin. Wird darum auch „Glocken-trauma" genannt.

Der „Spanische Kragen".

Ärzte würden dazu Paraphimose sagen. In der Praxis ist das eine Verklemmung der zu engen Vorhaut hinter der Eichel. Damit der Penis nicht abstirbt, ist eine sofortige Notbeschneidung nötig.

Und nicht zu vergessen die beliebte Frenulum-Ruptur.

Das kennen viele von uns. Du hast ganz harmlos Sex und plötz-lich ist alles voller Blut. Was ist passiert? Das Bändchen, das Vorhaut und Eichel miteinander verbindet, ist gerissen. Da der Penis stark durchblutet ist, pulst das Blut in einem dicken Strahl heraus. Normalerweise stirbt man daran nicht, also keine Panik. Schnell zum Arzt oder ins Krankenhaus.

Weitere bekannte Gefahren von Geschlechtsverkehr sind Kehl-kopfkrampf, zeitweiliger Gedächtnisverlust, Migräne und Na-senbluten. Zum Beispiel wie bei einer Bekannten, die mit ihrem Freund gemütlich in der Reiterstellung vögelte, als sich plötzlich vor ihrem Gesicht eine Spinne von der Decke abzuseilen be-gann. Laut schreiend machte sie ihren Freund darauf aufmerk-sam, der heldenhaft aufsprang und ihr beim Versuch, nach der Spinne zu kicken, mit seinem Knie die Nase brach.

NORMAL? NORMAL! – WAS IST SCHON NORMAL?

Alles über Fetische, Fantasien, Feministen & Co.

LIEBE PAULA, ICH FINDE KÖRPERSÄFTE EKLIG. IST DAS NORMAL?

Tja, das kommt natürlich darauf an, welche Körpersäfte du meinst. Ich kannte mal einen, dessen größter Traum es war, von einer blonden Kellnerin im Dirndl auf dem Oktoberfest ange-pinkelt zu werden. Und zwar auf den Rücken. Ich weiß nicht, ob er sich seinen Traum erfüllen konnte, denn unsere Wege haben sich vor langer Zeit getrennt. Wenn du also diese Art Umgang mit Körpersäften meinst, dann stehst du damit nicht allein da.

Der Körper produziert ja eine ganze Menge Säfte, also lass uns doch mal durchgehen. Meinst du deine Periode? Es ist wahnsin-nig schwer, auf ansprechende Art über das Thema Menstrua-tion zu schreiben, weil alles, was mir dazu einfällt, unappetitliche Bilder und Wörter sind wie Schmerzen, Klumpen, überlaufende Tampons, Scham und ein blöder Geruch nach altem Eisen. Es gibt Frauen, die schaffen es, die Periode als Wunder der Natur zu feiern, als göttliches Reinigungsritual und Quelle der Kraft weiblicher Schöpfung. Ich verstehe das auch alles rein theore-tisch, nur fällt es mir schwer, in den Jubelchor einzufallen, wenn ich einmal im Monat gekrümmt und dem Kreislaufkollaps nah über den Boden krieche und mich mit Schmerzmitteln zudröh-nen muss, um überhaupt zu funktionieren. Viele Frauen erleben die Zeit der Periode als besonders lustvoll und sind gerade dann extrem geil, was nicht immer mit den Wünschen des Partners korreliert. Ich kann dazu vor allem sagen, dass Orgasmen eine krampflösende Wirkung haben und es sich absolut anbietet, für einen zu sorgen, egal ob mithilfe des Partners oder ohne. Dass Orgasmen allgemein eine fabelhafte Sache sind, darüber müs-sen wir nicht streiten. Aber wie nützlich sie sind, ist, glaube ich, nicht jedem klar. Ich kenne eine Frau, die ihren Vibrator mit in den Kreißsaal genommen hat, um sich die Geburt zu erleichtern. Und eine Gynäkologin hat mir neulich berichtet, dass ihre Krankenschwester, die ein Auslandsjahr in den USA hinter sich hatte, während einer schleppenden Geburt von einer neuen Technik berichtete und an die vollkommen verkrampfte Frau kurzerhand Hand anlegte, woraufhin sich der Geburtskanal entspannte und das Kind freigab. Orgasmen und Frauengesundheit gehören also zusammen, und darum finde ich es durchaus diskutierenswert, ob sich Männer nicht häufiger mal überwinden sollten, und ja, auch regelmäßig in die rote See zu stechen.

Nun kann man natürlich herumschreien und rufen: „Iih, das ist aber Blut!" Nicht nur, harhar. Viel wichtiger finde ich die Tatsache, dass unsere gesamte Existenz von einer Reihe bizarrer Flüssigkeiten begleitet wird, von denen Menstruationsblut wirklich nicht die schlimmste ist. Und wenn wir schon dabei sind, dann können wir uns auch darauf einigen, dass manches zwar nicht auf der Delikatessenliste ganz oben steht, aber irgendwie okay ist, wenn man weiß, wie man es einzuordnen hat.

Ich hatte zum Beispiel mal einen Liebhaber, der beim Sex vor Begeisterung jedes Mal zerfloss. Ich meine damit nicht diesen attraktiven Schweißfilm, der sich über den Körper legt und mit dem man an den Brustbeinen gemeinsam ein schmatzendes Vakuum erzeugen kann. Was ich meine, ist, mit dem Gesicht nach oben in einen Platzregen zu blicken, der versucht, einem die Augen mit Salzsäure zu verätzen. Es wurde so schlimm, dass die Missionarsstellung überhaupt nicht mehr möglich war, und irgendwann ersoff meine ganze Leidenschaft für diesen ausgesprochen virtuosen Liebhaber in einer Pfütze voll Kummer, die so salzig war, als hätte das Tote Meer selbst sie geboren.

Und dann gibt es ja noch Spucke. Meinst du diese Körperflüssigkeit? Ob man Speichel mag oder nicht, hängt im Wesentlichen

davon ab, ob man eine gewisse Zuneigung für den Speichelpro-
duzenten erübrigen kann oder nicht. Es gibt Menschen, deren
Speichel willkommen ist, weil sie die Produktion im Griff haben.
Und dann gibt es solche, die einfach zu viele Pornos gesehen haben und ihre Spucke einfach überallhin verteilen, auf ihren Penis,
auf die Vagina, auf die Brüste. Ich möchte hier, wo wir es gerade von Flüssigkeiten haben, eine Lanze für den gemäßigten
Gebrauch von Speichel brechen. Ich weiß nicht, wie es dir geht,
aber ich möchte nicht, dass mir irgendjemand auf die Vagina
spuckt, und ich will auch nicht, dass ein Mann seinen Schwanz
vollsabbert, weil er Angst vor Trockenheit hat. Es ist eine Frage
des guten Umgangs, seine Geschlechtsteile nicht wie ein Bau-
arbeiter seine Straßenecke zu benutzen. Wer rotzen will, möge
dies bitte diskret und in Einsamkeit tun. Für alles andere gibt es
Olivenöl oder, bei Kondomgebrauch, Gleitmittel.

So. Entschuldige diesen kleinen Ausflug, aber es ist mir wichtig,
dass hier mit Stil Sex gehabt wird und nicht wie ein paar herun-
tergekommene Hyänen. Die wichtigste Flüssigkeit bei der ganzen Sexnummer sind natürlich die Säfte, die wir mit, um oder an
den Geschlechtsteilen produzieren. Glücklicherweise befinden
wir uns nicht in einem Trockengebiet, wie in manchen Ländern
Afrikas. In Namibia zum Beispiel wird vielerorts sogenannter *dry
sex* praktiziert. Das ist eine Praxis, die ausschließlich dem Vergnügen des Mannes dient und auch sonst eine elende Sache
ist, weil durch die künstlich herbeigeführte Scheidentrockenheit (mittels Lappen, Moos oder manchmal sogar Lehm) die
Schleimhaut leicht reißt und die Infektionsgefahr für beispielsweise HIV signifikant steigt. Von den Schmerzen, die dadurch
entstehen, einmal abgesehen.

Feuchtigkeit ist ein häufiges Thema in meinen Sendungen, denn
je feuchter, desto glücklicher die Frau. So weit das Klischee. Es
gibt Frauen, die so feucht werden, dass der Penis einfach keinen Halt findet. Penetration ist damit nahezu unmöglich, weil

der Mann die Erektion nicht halten kann. Falls du unter diesem Problem leidest, achte darauf, an welchen Tagen des Zyklus besonders viel Feuchtigkeit auftritt. Meist dürfte das so zwischen Tag sieben und elf der Fall sein, wenn sich der Körper auf eine mögliche Empfängnis vorbereitet. Manche Frauen laufen dann regelrecht aus, und die Tipps reichen von Graubrot einführen (bitte nicht, Pilzinfektion droht!) über vor dem Sex einen Tampon einführen bis hin zu Handtuch bereitlegen und ab und zu wischen. Ich kann eine Beckenbodenübung empfehlen, mit der du dieser Problematik vielleicht auch beikommst. Dazu legst du dich auf den Rücken und führst beide Fußsohlen wie im Schneidersitz zusammen. Dann hebst du das Becken an und hältst es so für zehn bis 20 Sekunden. Zehnmal wiederholen, und zwar mindestens viermal die Woche.

Wahrscheinlicher ist, dass du unter dem Gegenteil leidest. Eine zu trockene Scheide ist die Pest und führt zu Schmerzen und Frust. Viele betroffene Frauen leiden unter starken Hormonschwankungen, sodass die Befeuchtung der Vagina negativ beeinflusst wird. Stress, Trauer und Erkrankungen wie Diabetes können ebenfalls wichtige Faktoren sein. Scheidentrockenheit ist also keine Kleinigkeit, sondern bedarf der ärztlichen Abklärung! Eine wichtige Maßnahme ist auch der Verzicht auf Tampons. Stattdessen empfehle ich den Gebrauch von Menstruationstassen, die nicht nur umweltfreundlicher und auslaufsicherer sind, sondern auch eine Menge Geld sparen. Und dass im Fall von Trockenheit Gleitmittel beim Sex zum Einsatz kommt, versteht sich von selbst.

Aber um deine Frage zu beantworten: Ich finde, wenn man einen Menschen sehr mag, dann liebt man auch das, was zu ihm gehört. Mensch sein besteht nicht nur aus Blümchenteppich und Rosenduft. Unsere Säfte gehören nun mal dazu, und ich finde, man kann sie liebevoll umarmen. Wenn du dich ekelst, dann ekelst du dich möglicherweise gleichfalls vor dir selbst. Das ist natürlich nur ein Schuss ins Blaue. Gut möglich ist aber auch, dass du einfach noch nicht den richtigen Menschen getroffen hast.

Da hätte ich noch was! Sperma

Ich werde häufiger danach gefragt, ob meine Bücher nur für Frauen geschrieben seien. Sind sie nicht. Aber meine Sendung läuft auf einem Sender, der auf ein weibliches Publikum ausgerichtet ist, die meisten meiner Follower sind weiblich, und zudem werden 66 Prozent aller Bücher von Frauen gekauft. Die statistische Wahrscheinlichkeit, dass du, lieber Leser, ein Mann bist, ist also relativ gering. Trotzdem sind meine Bücher natürlich auch für Männer geeignet, denn wir haben ja alle mehr oder minder die gleichen Hoffnungen, Wünsche und Probleme. Und da ich eine Frau bin, sieh mir bitte nach, dass ich meine Erfahrungen mit dieser fabelhaften Flüssigkeit und zu vielem anderen aus einer weiblichen Perspektive heraus beschreibe. Bevor du jetzt denkst, dass hier das große Sperma-Bashing folgt, zur Sicherheit noch mal: Sperma, yeah!

Das Wort „Sperma" stammt aus dem Altgriechischen und bedeutet so viel wie Abkömmling, Spross oder Samen, was sehr viel Sinn macht. Sperma besteht zum größten Teil aus einer Sekretflüssigkeit, die mit Spermien angereichert ist. Die State University of New York hat außerdem eine Dissertation veröffentlicht, die eine leicht antidepressive Wirkung von Sperma bei vaginaler Aufnahme untersuchte und herausfand, dass Sperma durchaus die Stimmung aufhellen kann. Im „New Scientist" ist dazu ein Artikel erschienen, die Sache scheint also Hand und Fuß zu haben. Anders lautende Gerüchte besagen darüber hinaus, dass die orale Aufnahme von Sperma verjüngend wirken soll, was ein Argument ist, das vor allem von Männern gern angeführt wird. Trotzdem würden die meisten Frauen lieber Tabletten schlucken als Sperma, was eigentlich schade ist, da Sperma nichts kostet, leicht basisch ist (super für den Säurehaushalt des Körpers!) und außerdem praktisch keine Nebenwirkungen hat, von gelegentlichen Schwangerschaften mal abgesehen. Ich habe lang darüber nachgedacht, in welcher Form Sperma austreten müsste, damit alle Freude daran haben, und bin darauf gestoßen, dass flache Pastillen die ideale Darreichungsform wären. Aber so ist es leider nicht.

Wer schon einmal Sperma im Mund hatte, weiß, dass es sich anfühlen kann, als hätte sich gerade eine Tube mit Gelee in den Mund entleert, nur dass dieses Gelee nicht nach Erdbeeren schmeckt. Liebt man den Mann sehr, macht einem Sperma im Mund überhaupt nichts aus. Ist man genervt von ihm, fühlt es sich an wie die übelste Substanz der Welt.

Als ich das erste Mal mit Sperma oder zumindest einem Erguss in Berührung kam, war ich zehn Jahre alt. Mein Nachbar und ich hatten eine sehr große Leidenschaft für Mutter-Vater-Kind-Spiele, wobei wir uns hauptsächlich mit dem Mutter-und-Vater-Teil auseinandersetzten. Keine Sorge, der Nachbar war ebenfalls zehn. Eines Abends lagen wir bei ihm auf dem Bett, und er zeigte mir das, was er „den schiefen Turm von Pisa" nannte. Da ich schon früh vom Forschergeist durchdrungen war, wollte ich wissen, was man alles damit machen konnte. „Wenn man feste dran rubbelt, dann kommt da oben so ein Schleim raus", erklärte er mir. „Das ist total eklig." Ich fand es eher faszinierend. „Wie dran rubbeln?", fragte ich. „Na, so!" Er zeigte es mir, indem er das kleine Gewächs eifrig auf und ab schob. Und tatsächlich kam nach einiger Weile oben etwas heraus, das wie flüssiger Klebstoff aussah, farblos und schleimig. Er hatte recht. Es war wirklich total eklig.

Das nächste Mal, als ich ein ähnliches Erlebnis hatte, war ich 14. Mein Freund und ich lagen auf meinem Bett, und zwar schief, weil kurz zuvor der Lattenrost gebrochen war. In meiner Hand hielt ich die erste Erektion meines Lebens und rubbelte ungefähr so daran, wie mein Kumpel es mir vier Jahre zuvor gezeigt hatte – mit der gleichen, linkischen Handhabe. Immerhin reichte meine Berührung, um ein ähnliches Ergebnis hervorzubringen: Wieder trat eine merkwürdige Flüssigkeit oben aus, diesmal milchiger und in deutlich größerer Menge.

Wenn einem zum ersten Mal in die Hand gewichst wird, steht man da wie ein Trottel. Zumindest, wenn man ich ist. Während sich die klebrige Substanz ihren Weg zwischen meinen Fingern bahnte und grauenhafterweise mein Handgelenk hinunterlief, war ich fasziniert und angewidert zugleich. Und dann panisch. Über die Vorgehensweise bei besamten Händen hatte ich nichts gelesen oder gehört, und natürlich hatte ich keine Taschentücher im Zimmer. Es war klar, dass ich mir das Zeug nicht mit einem fröhlichen „So, jetzt haben wir das auch hinter uns" ins Haar schmieren konnte. Ihn fragen: „Willst du was davon zurückhaben?", um es ihm dann ans T-Shirt zu reiben, ging auch nicht. Also blieb mir nichts übrig, als verklemmt zu kichern und mit meiner linkisch verkrümmten, auf Abstand bedachten Hand ins Bad zu rennen, wo ich fasziniert beobachtete, was passiert, wenn Sperma mit warmem Wasser in Berührung kommt.

Sperma hat sowieso eine Menge überraschender Eigenschaften. Es kann sich zum Beispiel supergut verstecken. Du kennst sicher diese Tage, an denen du Sex hattest und anschließend auf die Toilette gehst, wirklich lang, um sicher zu sein, dass alles herausgelaufen ist. Anschließend gehst du ausführlich duschen, und alles fühlt sich prächtig an. Und dann, gerade wenn du gar nicht mehr daran denkst, musst du niesen oder lachen und merkst, wie sich ein riesiger Schwall Sperma in deine Unterhose ergießt. Wo es die ganze Zeit über war? Keine Ahnung. Miese Kerlchen.

„Ich fände Sperma an sich nicht so übel, wenn es nicht so bröckelig wäre." Amelie, 32

„Manchmal sieht es gelblich aus, und ich finde es echt unschön. An solchen Tagen schließe ich die Augen. Einmal habe ich versucht, an Milchreis zu denken, aber das war auch keine gute Idee." Steff, 29

„Mich stört nicht der Geruch oder der Geschmack, sondern die Konsistenz. Wie Tapetenkleister!" Marthe, 37

„Ehrlich, ich liebe Sperma. Macht mir gar nichts aus. Aber warum muss es so riechen? Männer, die Witze über den Geruch von Frauen machen, haben noch nie an sich selbst gerochen. Ein alter Fischtank ist nichts dagegen!"
Jorinde, 34

„So schlimm ist es nicht. Ich habe immer Taschentücher neben dem Bett liegen, in die spucke ich unauffällig rein. Und danach ist der Geschmack ziemlich schnell weg."
Rosa, 38

Wie sagte Samantha in „Sex and the City" schon? „Honey, they don't call it a job for nothing!" Tatsächlich gibt es Untersuchungen, die festgestellt haben, dass verschiedene Nahrungsmittel den Geschmack von Sperma negativ, aber auch positiv beeinflussen können. Schlecht sind Alkohol, Nikotin, Drogen, Knoblauch, Brokkoli, Zwiebeln und natürlich Spargel. Positiv machen sich verschiedene Gewürze wie Zimt, Kardamom oder Pfefferminze bemerkbar, und auch Ananas soll den Geschmack deutlich versüßen. Praxistests im Freundeskreis haben allerding ergeben, dass Sperma immer wie Sperma schmeckt, da kann der Mann noch so viel Ananas in sich hineinstopfen.

Man darf aber auch nicht vergessen, wie viel Freude die Schmusegurke an sich bringt. So ein Penis birgt eine Vielzahl an Glücksmomenten. Zum Beispiel hatte ich einen wirklich schönen Tag, nachdem mir kürzlich eine Morgenerektion in die Hand gedrückt wurde und mein Mann dazu die Worte sprach: „Alles Liebe zum Penis-Tag." Viele Frauen sehen den Penis ja eher als Verursacher einer Vielzahl von Problemen (Affären, ungewollte Schwangerschaften, Flecken), sodass sie vergessen, wie viel Spaß so ein Penis auch machen kann. Ich empfehle darum, wirklich gleichberechtigt Sex zu haben. Viele Männer beschweren sich bei mir, dass die meisten Frauen zwar darauf bestehen, dass ihnen Oral- oder Handverkehr zuteilwird. Sie selbst verrichten dies jedoch im Gegenzug nur widerwillig oder gar lustlos. „Es ist ein endloses Gehobel", beschrieb mir ein Mann auf Facebook die Handjob-Versuche seiner Freundin, „ich habe jedes Mal Angst, dass sie versucht, ihn zu pellen wie eine Plockwurst."

Dabei gibt wenig Erquicklicheres vor dem Aufstehen, als in die Augen eines Mannes zu blicken, der einen Orgasmus hat. Mir persönlich gefällt das besser als dieser Green-Smoothie-Trend. Entsafteter Weißkohl bringt mich nicht zum Jubeln. Entsafteter Mann hingegen schon.

LIEBE PAULA, WENN ICH GESCHLECHTSTEILE SEHE, SCHÜTTELT ES MICH. ICH FINDE NICHT NUR PENISSE ABSOLUT HÄSSLICH, SONDERN AUCH MEINE VAGINA. GIB ZU, DASS WIR MENSCHEN LÄCHERLICH AUSSEHEN!

Wenn ich uns mit anderen Lebewesen vergleiche, zum Beispiel mit Pavianen, dann finde ich, dass wir sogar ziemlich gut abschneiden. Ich bin jedenfalls froh, dass mein Hinterteil nicht rot anschwillt, wenn ich jemanden attraktiv finde. Vielleicht tut es das ja auch, ich muss mal darauf achten. Ansonsten ist Segen und Fluch zugleich, dass menschliche Geschlechtsteile meist verpackt sind. Man kann also nicht Bonobo-mäßig sagen: „Oh, Kollege, da hast du aber ein prächtiges Gemächt, ich glaube, ich setze mich mal drauf!" Für ausgeglichene Menschen spielt es auch gar keine Rolle, wie der Penis oder die Vulva eines geliebten oder zumindest begehrten Menschen aussieht. Aber seien wir ehrlich: Die meisten von uns sind etwas oberflächlich und sehr an der Optik interessiert. Das Auge isst ja auch mit. Ich gebe zu, dass ich sexuelle Handlungen abgebrochen habe, weil ich mit der Optik des Penis nichts anfangen konnte, allerdings ohne den Grund zu nennen. Das ist nicht sehr fein, aber ich kann nichts dafür. Wenn ich nicht vollkommen in Liebe entflammt bin, bewerte ich das Gesamtpaket anders, und ich will begehren, was ich sehe.

Es hilft aber nichts, denn wir sind, wie wir sind. Ich könnte zum Beispiel immerzu sagen: „Oh weh, ich habe so einen hässlichen Unterarm", und dann könnte ich Jahre damit zubringen, ebenjenen Arm zu verstecken oder darüber zu wehklagen. Oder ich könnte akzeptieren, dass ich diesen Unterarm habe und mir nicht weiter darüber Gedanken machen. Objektiv betrachtet, ist es nämlich ein reizender Unterarm. Er erinnert mich nur an jemanden aus der Familie, mit dem ich so meine Schwierigkeiten habe.

Eine Bekannte hat sich kürzlich ihre Schamlippen stutzen lassen. Ein besonders feinfühliger Mann hatte zu ihr gesagt, dass ihre Schamlippen aussähen wie ein fleischgewordener Todeskampf, hässlich, tragisch und angsteinflößend. Davon hat sie sich, die vorher eine engagierte Beinspreizerin gewesen ist, nicht mehr erholt. Der Mann, ein Arschloch erster Klasse, lebt vermutlich bis heute das unbescholtene Leben eines Menschenzerstörers. Jedenfalls kniete ich vor ihr und betrachtet ihre Scham. Die Sache mit dem Todeskampf hatte ich natürlich im Hinterkopf, und ich verstand ein wenig, was er meinte. Die inneren Schamlippen waren lang und wellig, zwischendrin bäumten sie sich auf wie eine Abalone auf der Flucht und fügten sich dann wieder zu einem kleinteiligen Gekräusel zusammen. Es gibt schönere Anblicke, aber auch schlimmere. Und wenn man bedenkt, wie viel Freude besagte Freundin schon damit hatte und bereitet hat, so war es doch im Grunde wunderschön anzusehen! Ich konnte jedenfalls nichts Operationswürdiges erkennen. Aber die Bekannte ließ sich nicht davon abbringen.

Stolz präsentierte sie mir nach ein paar Wochen ihre neue Pforte. Die arme Vulva sah aus wie eine frisch geliftete Filmdiva in der Hoffnung auf neue, große Rollen. „Und, wie findest du sie?", fragte sie mich. „Charakterlos", hätte ich am liebsten gesagt, sagte aber stattdessen: „Jugendlich frisch." Sie lächelte zufrieden. Jugendlich und frisch waren offenbar die beiden Dinge, auf die sie gehofft hatte. Welche Art Männer sie damit anzieht, darauf würde sie selbst kommen.

Frauen machen sich sehr viele Gedanken über das Aussehen ihrer Geschlechtsteile, egal ob primär oder sekundär. Ich kenne einen einzigen Mann, der zugibt, Probleme mit seinen zu großen Hoden zu haben. Und einen weiteren, der seinen Penis hässlich findet. Aber alles in allem stellen sich Männer selten vor andere Männer und sagen: „Guck dir mal bitte meinen Schwanz an. Findest du den auch so hässlich? Eine Frau hat neulich zu mir gesagt, dass er aussieht wie ein alter, lepröser Mann." Ich finde ja immer, dass man niemanden für die Optik beleidigen sollte. Und schon gar nicht für die der Geschlechtsteile. Jemandem die Freude an seiner Lust zu nehmen ist nämlich eine bodenlose Gemeinheit.

Besagte Bekannte zieht sich übrigens immer noch nicht aus, denn: „Man sieht doch, dass ich da was gemacht habe, wie peinlich ist das denn!" Was wiederum beweist, dass die Probleme meist im Inneren liegen. Und nicht am Äußeren.

PAULA, ICH GLAUBE DER HODENSACK MEINES FREUNDES IST ZU LANG. DARF ICH DIR MAL EIN FOTO SCHICKEN?

Das ist ja toll. Meistens sind es Männer, die mir solche Fragen stellen. Und meistens schicken sie dann auch gleich ungefragt ein Abbild ihres Geschlechtsteils mit. Beginnt die Mail mit den Worten: „Ich glaube, er ist zu klein, was sagst du?", kann ich zu 100 Prozent sicher sein, dass im Anhang ein erigierter Riesenpenis zu sehen ist. In letzter Zeit schicken aber auch Frauen Fotos, damit ich den Peniszustand ihrer Liebsten bewerte. Ich möchte hiermit in aller Form darum bitten, dass mir keine Fotos mehr von Hodensäcken oder Penissen geschickt werden. Bitte. Mir ist gleichgültig, ob die Penisse groß, klein, dick, dünn oder krumm sind, denn ich werde sie nie persönlich kennenlernen. Auch die Länge eines Skrotums interessiert mich nur, wenn ich persönlich mit ihm zu tun habe.

Länge und Form variieren bei Hoden übrigens ebenfalls von Mann zu Mann. Junge Männer haben eher straffere, wobei es auch hier Unterschiede gibt. Bei Kälte stehen sie höher als bei Hitze, und wenn man an der Innenseite der Oberschenkel mit dem Finger entlangstreicht, ziehen sie sich ruckartig zurück, was man den „Kremasterreflex" nennt.

Kürzlich wurde ich gefragt, wie ich zur allgemeinen Frage der Sacklänge stehe. Das Gespräch geschah unvermittelt am Rande einer Party. „Wie stehst du denn nun dazu? Hat sie für dich eine sexuelle Relevanz?" Ich erinnere mich an eine Begebenheit vor langer Zeit, bei der eine Freundin auf allen vieren Sex hatte. Nachdem beide an Fahrt und Rhythmus aufgenommen hatten, fühlte sie im Schambereich ein leichtes Klatschen, das immer stärker wurde. Zunächst war sie verwundert, dann aber begriff sie, was passierte: Sie wurde von seinen schwingenden Eiern kostimuliert. Das Ganze steigerte sich so sehr, dass sie quasi nur mit Hodenhilfe kam, was ihr (und mir) völlig neue Verwendungszwecke für das Skrotum an sich eröffnete.

Die Sache hat allerdings einen Haken. Ein straffer Sack symbolisiert Jugend und Stärke, ein schlaffer Beutel hingegen lässt die Vergänglichkeit des Trägers erahnen. Ich würde darum sagen, dass rein gefühlsmäßig eine gewisse Länge nicht von Nachteil ist, optisch allerdings eine gewisse Kompaktheit appetitlich ist. Ich weiß aber immer noch nicht, warum es so wichtig ist, was ich von anderen Geschlechtsteilen halte, denn ich werde garantiert keine Mr.-Penis-Wahl abhalten. Dazu geht bitte zukünftig einfach auf cocks.ratemeplease.com. Danke.

MEIN FREUND HAT GRÖSSERE BRÜSTE ALS ICH. ER IST ZWAR EIN BISSCHEN PUMMELIG, ABER NICHT SO SEHR, DASS ES UNGESUND WÄRE. TROTZDEM MACHT ER SICH UNGLAUBLICHE GEDANKEN. WAS SOLL ICH TUN?

Lass mich dir dazu eine Geschichte erzählen, die schon viele Jahre zurückliegt. Mein Freund Claus hat damals versucht, abzunehmen. „Wenn deine Titten größer sind als die deiner Mutter, dann weißt du, dass es an der Zeit ist, etwas zu ändern", hatte er gesagt. „Solange sie nicht so riesig sind wie Mimis ist alles okay", sagte ich ihm damals, da hatte ich selbst noch Körbchengröße C. „Sie kann damit Männer zu Tode quetschen." Wir glucksten. Mimi drehte sich um. „Klar, tut einfach so, als wäre ich nicht da. Macht ja nichts." „Jedenfalls", sagte Claus, „keine Kohlenhydrate mehr." –„Auch keinen Alkohol?", fragte ich. „Doch", sagte Claus, „man darf im Leben nie dogmatisch werden." Ich befühlte seinen Bauch. „Du musst dich einfach mehr bewegen", schlug ich vor. „Sport ist das Einzige, was hilft."

Nach ein paar Wochen war immer noch nichts passiert. „Ich bin dazu verdammt, ein runder Mann zu sein." „... mit riesigen Titten", sagte Mimi. „Ja, danke", sagte Claus, „das hätte ich fast vergessen." Dann, plötzlich, nahm er doch ab. Brüste hatte er allerdings immer noch, nur dass sie jetzt traurig nach unten hingen wie leere Tüten. Damals war mir der Ernst der Situation nicht klar, und ich war zu Scherzen aufgelegt. „Soll ich dir einen BH leihen?", fragte ich. „Halt's Maul", sagte Claus. „Okay", sagte ich. Wir schwiegen eine Weile. Wie alle Männer, die dauerhaft Zugang zu Brüsten haben, war er ganz besessen davon. Er spielte den ganzen Tag damit herum und sprach von nichts anderem mehr. „Ich sollte sie mir machen lassen", sagte er. „Okay", sagte ich. „Nein, ehrlich", sagte Claus. „Wenn ich beim Vögeln oben bin, hängen die Dinger an mir herunter wie Euter. Liege ich unten, fallen sie zur Seite, und ich sehe aus wie ein auf den Rücken gefallener Käfer mit sechs Beinen. Ich mache gleich morgen einen Termin." Ich sagte: „Aber denk nur mal an die Narben, die du danach haben wirst." Er sah mich erschrocken an. „Ja, du hast recht. Mein Gott, die werden riesig sein." Ich nickte. „Mindestens bis zu den Achseln. Vielleicht sogar bis zur Mitte des Brustbeins. Das habe ich mal im Fernsehen gesehen."

Damals machten wir Scherze darüber, aber tatsächlich war es für Claus ein riesiges Problem. Im wahrsten Sinne des Wortes. Er fühlte sich unmännlich und entsexualisiert, weil sein Körper ein scheinbar weibliches Merkmal aufwies, über das Frauen spotteten. Irgendwann war es so weit, dass er sich nicht mehr ausziehen wollte, und das war der Moment, in dem wir ihn praktisch zwangen, sich einer Operation zu unterziehen. Es war wahnsinnig schmerzhaft, denn sogar seine Brustwarzen mussten versetzt werden. Aber ich kann ehrlich sagen, dass er seitdem Tag, an dem der Verband abgenommen wurde, ein glücklicherer Mensch ist. Was jetzt der richtige Schritt ist, hängt also ganz vom Leidensdruck des Betroffenen ab. Wenn es ihn so sehr beeinträchtigt, dass sein Lebensgefühl betroffen ist, dann ab zum Doktor. Wenn es keinen weiter stört, lassen sich vortrefflich gemeinsam ein paar geschmacklose Witze machen. Der Schrecken der Realität geht ja meistens zurück, wenn man zusammen darüber lachen kann.

Plaudereien vom Set:

TRANSMANNS PENIS

Ich habe mein Volontariat beim Axel-Springer-Verlag gemacht, sehr zum Verdruss großer Teile meiner entschieden links orientierten Familie. Ich wusste nur, dass ich auf keinen Fall bei der „Bild"-Zeitung anheuern durfte (das wäre zu viel gewesen), aber ansonsten machte ich mir keine großen Gedanken über Politik. Ich wollte einfach schreiben, und dort ließ man mich. Neben der Aufgabe, Artikel zu schreiben, den Polizeifunk abzuhören und allgemein das ganze Ausmaß menschlichen Seins journalistisch zu begleiten, bestand mein Job auch darin, für Gewinnspiele zu posieren. Ich war jung und putzig anzuschauen, also musste ich häufig aufgefächerte Geldbündel mit einem gewinnenden Lächeln in die Kamera halten oder auf Schilder mit Telefonnummern zeigen. Es gibt ein Foto, auf dem ich vor einer Milka-Kuh knie, die damals im Foyer des Verlags aufgebaut war, und ihr einen beherzten Kuss auf die Schnauze drücke. Ich weiß allerdings nicht mehr, was es zu gewinnen gab. Vielleicht Schokolade.

Unweit von dort, wo die Kuh stand, war damals das Archiv. Wenn ich ein Thema recherchieren musste oder irgendetwas

suchte, ging ich hinunter ins Archiv, um dort mithilfe der Angestellten Artikel zum Thema zu suchen. Damals, in den Neunzi-
gern, bestand das Archiv im Wesentlichen aus endlosen Rega-
len voller aufgeklebter Papierschnipsel. Eine der Angestellten
war eine Frau, die auf für mich unverständliche Weise männlich
wirkte. Ich hatte keine Ahnung von den Möglichkeiten des Lebens. Eines Tages fragte ich einen Kollegen.

„Du, diese Archivarin mit den roten Haaren, was ist denn
mit der?" – „Was soll denn mit der sein? Die war früher mal ein
Mann." – „Ah."

Ich hatte davon noch nie gehört. Das Einzige, was ich in Richtung „Trans" im Kopf hatte, waren Männer in Frauenkleidern, die
eine Menge Make-up und Glitzer trugen.

Mit der Zeit fiel mir auf, dass noch zwei, drei Frauen herumlie-
fen, die ganz ähnlich aussahen, aber weil es im Verlag von allen
als völlig natürlich angesehen wurde, machte nie jemand Wind
darum. Es war normal. Es gibt ja eine Menge, was man gegen
den Springer-Verlag sagen kann. Aber ich weiß noch, dass ich
in meinem ersten Arbeitsvertrag einen Absatz unterschreiben
musste, in dem ich schwor, die Werte der demokratischen Freiheit zu verteidigen und dass ich Schwächere verteidigen würde.
Ich weiß nicht, ob das bei anderen Verlagen auch so üblich ist.
Aber damals, mit 22, war ich schwer beeindruckt.

Ich komme nur darauf, weil ich genau an jene Archivarin denken musste, als in meiner Sendung zum ersten Mal ein trans-
identer Mensch zu Gast war. Wenn man herumfragt, haben die
meisten Menschen sehr merkwürdige Vorstellungen davon, was
einen transidenten Menschen ausmacht. Handelt es sich um
einem Transmann, sagen sie „Der ist bestimmt schwul", und bei
einer Frau umgekehrt. Es ist aber so, dass die sexuelle Orientierung wirklich nichts mit der Transidentität zu tun hat. Genau wie
eine biologisch geborene Frau ja auch hetereo-, homo- oder
bisexuell sein kann, kann ein Transmann eben homo- oder he-
terosexuell sein. Vereinfacht gesagt, liegt das Problem, mit dem
sich transidente Menschen auseinandersetzen müssen, darin,

dass sie im falschen Körper geboren sind. Ihre Seele hat sich also bei der Auswahl der Hülle vertan.

Ich verstehe aber, dass das verwirrend ist für jemanden, der sich gar nicht damit auseinandergesetzt hat. Einmal hatte eine Frau, die in meiner Sendung zu Gast war, als Überraschungsgast eine Freundin. Ich schreibe Freundin, so einfach war es aber nicht. Die Person war nämlich non-binary. Erst war ich verwirrt, weil ich den Begriff nicht auf dem Schirm hatte, und dachte, aha, sie lehnt also Computer und binären Code und so weiter ab. Den Begriff nicht-binär (was so viel bedeutet wie: sich selbst keinem normativen Geschlecht zuordnend) hatte ich zwar schon mal gehört, aber in dem Moment war ich völlig blank im Hirn. Als zusätzliche Schwierigkeit erwähnte sie dann noch, dass sie pansexuell sei, weil they (so sagt man, nicht sie oder er, was aber irre schwierig ist zu schreiben, wenn man nicht grammatikalisch völlig daneben klingen will) sich nicht in Schubladen stecken lassen wollte. Mein Einwand, dass das aber schon mal ganz schön viele Definitionen seien für jemanden, der mit Schubladen nichts zu tun haben will, führte zu einer Diskussion darüber, ob Cis-Frauen wie ich (also biologisch als Frau geborene und auch als Frau fühlende) wie ich überhaupt verstehen könnten, wie es sei als non-binary pansexual. Am Schluss war ich zwar verwirrt, aber auch an Wissen reicher. Ich brauche keine Bezeichnungen, wenn's nach mir geht, weil ich die Welt grundsätzlich in Arschlöcher und solche, die keine sind, unterteile. Und es mir wurscht ist, wer mit wem Sex hatte, Hauptsache, sie sind nett zueinander. Aber leider ist die Welt nicht so, und darum bin ich froh über jeden, der oder die oder they aufzeigt, dass es noch viele Varianten abseits des Spektrums gibt. Denn Sichtbarkeit erzeugt irgendwann Selbstverständlichkeit.

Doch zurück zur Sendung. Was auch immer ich erwartet hatte, es war anders als das, was ich sah. Vielleicht hatte ich unbewusst einen weiblichen Mann mit Bart erwartet, klein und mit schmalen Händen. Ich hatte zuvor schon einmal einen Transmann kennengelernt, nämlich Balian Buschbaum. Balian ist schön und sehr attraktiv, aber ein zarter Mann. Jill hingegen war groß, breitschultrig, und selbst wenn er einem seine Geschichte erzählte, hatte man Schwierigkeiten, den Mädchenkörper von damals in ihm zu sehen. Seine Präsenz schüchterte mich ein, und ich weiß noch, wie ich dem Bedürfnis widerstehen musste, ihm als Frau zu gefallen. Wir sprachen über seine Anpassung vom Frauen- zum Männerkörper, und ich kann mir nicht mal im Traum die körperlichen Herausforderungen vorstellen (seine Penisspitze starb ab), geschweige denn die seelischen. Ich habe selten einen Menschen erlebt, der solch eine Lebensfreude ausgestrahlt hat. Wir mussten alle weinen, nachdem er vom Glück erzählt hatte, sich endlich selbst zu finden, und fast noch mehr, als wir erfuhren, dass er trotz der vielen Operationen tatsächlich orgasmusfähig ist.

Als der Dreh endete, war das gesamte Team sehr bewegt von Jills Offenheit. Aber plump, wie ich bin, wollte ich natürlich auch wissen, wie so ein gemachter Penis live aussieht. Der Penis, für alle, die es nicht wissen, wird aus Sehne, Ader und Muskulatur sowie Haut des weniger benutzten Unterarms gefertigt. Bei einem Rechtshänder ist das also der linke und umgekehrt. Ich finde ja, es gibt einige Gründe (obwohl ich es sexy finde), sich die Unterarme nicht tätowieren zu lassen, aber das scheint mir der gravierendste. Ein anderer Transmann, mit dem ich eine spätere Sendung machte, hatte auf dem linken Unterarm ein langes, in chinesischen Zeichen gestanztes Sprichwort, das er jetzt mitten auf seinem wirklich gelungenen Penis trägt: „Träume nicht dein Leben, sondern lebe deinen Traum." Was natürlich eine prima Message für einen Penis ist.

Doch zurück zu Jill. Für gewöhnlich frage ich Männer nicht, ob ich mal ihren Penis sehen darf. Aber es gibt keinen höflichen Weg, das auszudrücken. Also fragte ich frei heraus, und binnen kürzester Zeit stand natürlich das gesamte Team drum herum und schaute Jill in die Unterhose. Dort hing ein ganz normal aussehender Penis, und auf den ersten Blick wäre ich nicht im Leben darauf gekommen, dass er das Werk von Chirurgen ist.

Selbst die Hoden, aus den Schamlippen geformt, sahen natürlich aus, davon abgesehen, dass in dem einen der beiden die kantigen Ecken der Pumpe zu sehen war, die auf Knopfdruck für eine Erektion sorgte. „Beneidenswert", sagte ein männliches Teammitglied. „Keine Erektionsprobleme." Und ja, du kennst mich ja. Natürlich habe ich auch angefasst. Schön weich fühlte er sich an, weich und gut gepflegt.

ICH GLAUBE, ICH BIN HOMOSEXUELL UND STEHE AUF FRAUEN. MEINE ELTERN WERDEN AUSFLIPPEN, DENN WIR WOHNEN AUF DEM LAND. ICH ÜBERLEGE, ES IHNEN EINFACH NICHT ZU SAGEN. WAS SOLL ICH NUR MACHEN?

Ich in meiner Großstadtblase finde die Vorstellung, dass sich jemand in die sexuelle Orientierung anderer Menschen einmischt, immer noch verstörend. Wenn du meine Tochter wärst, wäre mein einziger Wunsch, dass du glücklich wirst, und zwar egal, aus welchem Geschlecht du dir jemanden aussuchst. Aber ich weiß natürlich, dass das daran liegt, das mein Umfeld superliberal und aufgeklärt ist und nicht im Geringsten der Realität entspricht. Auch in Berlin werden Homosexuelle diskriminiert und verprügelt, einfach weil sie homosexuell sind, und ich hasse es und bekomme Gewaltfantasien den Tätern gegenüber. Auf dem Land sind die Geschlechterbilder noch tradierter, und darum verstehe ich deine Sorge. Es ist leider so, dass Menschen, die die Vielfalt des Lebens nicht mit eigenen Augen erleben, weil sie weder reisen noch sonst wie über den Tellerrand gucken, vor allem, was sie nicht kennen, Angst haben. Sie glauben, dass Andersartigkeit ihre kleine, heile Welt bedrohen könnte, und darum beißen sie alles weg.

Ein gerades Leben kann man aber nur schaffen, wenn man ehrlich zu sich selbst steht. Sei du! Und sag jedem, wer du bist! Wenn deine Eltern damit nicht klarkommen, kannst du immer noch entscheiden, wie du in Zukunft mit ihnen umgehst. Und was die Nachbarn denken ... Hat das jemals jemanden interessiert? Keine Angst. Es wird besser. Und es wird einfacher.

LIEBE PAULA, ICH BIN MIT 35 IMMER NOCH JUNGFRAU. WENN ICH DAS JEMANDEM ANVERTRAUE, WILL DERJENIGE DOCH GARANTIERT KEINEN SEX MEHR MIT MIR!

Also, erstens: Warum nicht? Das erste Mal den Samen zu säen für alles Weitere kann durchaus seine Reize haben. Zweitens verstehe ich solche Bedenken aber. In unserer Gesellschaft trabt die große Schafherde zwischen 15 und 18 Richtung Entjungferung, und wer den großen Treck verpasst, steht daneben und muss einsam blöken. Ich bin sehr überrascht, wie viele erwachsene Jungfrauen mir in letzter Zeit schreiben, darum nehme ich an, dass es vermutlich immer schon viele gab, die niemanden für Sex gefunden haben, die sozialen Medien es einem aber einfacher machen, diesbezüglich um Hilfe zu rufen. Es ist ja kein Geheimnis, dass in Großstädten immer mehr Menschen vereinsamen.

Bei den meisten, die mir schreiben, ist es so, dass sie einfach den richtigen Moment verpasst haben und dann so ab Mitte zwanzig in eine Phase des großen „Jetzt kann ich es auch keinem mehr sagen" geraten sind. Ab da wird jede Form der Kontakt-aufnahme zum Schauspiel, weil Menschen, die sich außerhalb dieser Norm bewegen, entweder auf den Putz hauen oder ver-suchen, sich unsichtbar zu machen.

Lass uns doch einmal anschauen, warum du noch Jungfrau bist. Es gibt verschiedene Möglichkeiten, und vielleicht trifft bei dir auch eine Mischung aus mehreren zu. Ein paar davon sind:

1. Ganz oberflächlich gesagt (wobei total unwahrscheinlich): Du bist wirklich unattraktiv.

Es gibt Menschen, die sehen so eigentümlich aus, dass sie es schwer haben, über das erste „Hallo" hinaus weiterzukommen. Dann wiederum ist es so, dass Menschen mit einem fabelhaf-ten Charakter niemals wirklich unappetitlich wirken. Wenn du also objektiv hässlich bist, dann scheinst du einen wirklich üblen Charakter zu haben. Sex kannst du also vergessen.

2. Du hast den Zeitpunkt verpasst.

Irgendwie hat sich nie etwas ergeben, was das Geschenk dei-ner Jungfräulichkeit verdient hätte. Du bist schüchtern und hast kein gesundes Selbstbild. Unterbewusst ahnst du, dass dich ei-gentlich alle blöd finden, du Zuneigung nicht verdient hast und nicht attraktiv bist, auch wenn dir jeder das Gegenteil sagt.

3. Dein Elternhaus war nicht besonders mit Liebe gefüllt.

Vielleicht haben deine Eltern dir eine Beziehung vorgelebt, die von Abneigung geprägt war, und du versuchst unbewusst zu ver-meiden, in denselben Schlamassel zu geraten.

4. Du bist in einem Umfeld groß geworden, das Sexualität als solche sehr negativ bewertet.

Da fallen mir zum Beispiel streng religiöse Gemeinschaften wie eine Sekte oder Ähnliches ein.

5. Du bist körperbehindert.

Leider haben körperbehinderte Menschen es sehr schwer in unserer Gesellschaft. Aber es gibt Menschen, die weiter fühlen können als bis zu deiner Besonderheit!

6. Du bist traumatisiert und hast Angst.

7. Du willst einfach nicht.

Ich hatte kürzlich einen Mann im Coaching, dessen Eltern einer freikirchlichen Splittergruppe angehören. In dem Umfeld, in dem er aufwuchs, gab es nur sehr wenig Richtig und sehr viel Falsch. Als er ahnte, dass er homosexuell sein könnte, steckten ihn seine liebevollen Eltern in ein Ferienlager, in dem ihm der richtige *way of life* eingebläut wurde. Ehrlich gesagt, dachte ich, dass es Umerziehungscamps nur in den USA gäbe, aber er konnte mir Ort, Zeit und Dauer des jeweiligen Camps glaubhaft nennen. Neun Jahre, noch bis ins Erwachsenenleben hinein, versuchte man, ihm die Homosexualität auszutreiben, bis er genug Kraft fand, sich von den Eltern und seiner Kirche zu distanzieren. Ich kann mir nicht mal ansatzweise vorstellen, wie grauenvoll diese Jahre gewesen sein müssen. Inzwischen, mit 29 Jahren, tastet er sich langsam an seine Sexualität heran, und da er längst sehr offen mit seiner Geschichte umgeht, hat er jüngst jemanden gefunden, der ihn sehr mag und annimmt, wie er ist.

Ein anderes Beispiel ist eine Bekannte, die sehr groß ist. Schon als Kind war sie einen Kopf größer als alle anderen, und weil sie nur „Giraffe" und ähnlich nette Dinge gerufen wurde, hat sich ihr Selbstbewusstsein über die Jahre in seine Einzelteile zerlegt. So gingen die Teenagerjahre und die frühen Zwanziger unberührt und ungeküsst vorüber, obwohl sie eine wunderbare Person ist und zudem sehr schön aussieht mit ihren 193 Zentimetern. Mit 26 Jahren verlor sie dann die Nerven, meldete sich auf einem Dating-Portal an und schrieb dann jedem Interessenten Folgendes: „Ja, ich bin wirklich 1 Meter 93. Und ja, die Luft hier oben ist ganz toll, danke der Nachfrage. Ich habe es satt, auf meine Größe reduziert zu werden, denn ich bin ein Mensch, der mehr zu bieten hat als lange Beine und Arme. Und stell dir vor: Ich hatte noch nie Sex. Offenbar haben Männer wirklich Angst vor großen Frauen. Also bitte, verschwende nicht meine Zeit, wenn du nur gaffen willst." Dieser Ausbruch schob eine Menge Trottel („Du bist ja voll verbittert") aus dem Weg und machte Platz für einen fantastischen 1,89-Meter-Mann, der kein Problem damit hat, ein bisschen nach oben zu gucken. Tatsächlich gibt es nur eine Lösung: Offenbare dich. Sei ehrlich zu den anderen. Ein Mensch mit dem Herzen auf dem rechten Fleck und echtem Interesse wird dich nicht zurückweisen, nur weil du noch Jungfrau bist. Wenn du dich lieben kannst, dann kann es auch ein anderer.

LIEBE PAULA, ICH BIN 26 UND HABE MIT 20 MÄNNERN GESCHLAFEN. MEINE BESTE FREUNDIN FINDET DAS VIEL ZU VIEL. ICH VERSTEHE NICHT, WARUM. DU?

Durchschnittlich schläft die deutsche Frau in ihrem Leben mit 6,3 Männern. Demnach hätte ich mit 18 heiraten müssen, um fortan ein frommes, monogames Leben zu leben. Nach 6,3 Männern hatte ich noch keine Ahnung von Sex. Ich wusste nichts über die Möglichkeiten, ich wusste nichts über meine Bedürfnisse, und schon gar nicht wusste ich, welcher Partner für mich der richtige wäre. Sofern du also mit allen freiwillig und aus guten Gründen Sex hattest und Kondome benutzt hast, gibt es kein Zuviel.

Die Sache ist aber komplexer. Männer wünschen sich im privaten eine Frau, die alles draufhat, nach außen hingegen eine gesittete Züchtigkeit ausstrahlt. Und Frauen wollen ebenfalls Partner, die nicht mit einem Stempel auf der Stirn herumlaufen, auf dem steht: „In diesem Bezirk bin ich der Deckhengst Nummer eins." Sondern einen zuverlässigen, reflektierten Kerl, der kein Problem hat, später mit dem Kinderwagen durch die Straßen zu schieben – ohne, dass ihm ständig Frauen Ohrfeigen verpassen, weil er sich damals nach der heißen Nummer einfach verkrümelt hat. In all dem steckt eine feine Ironie: Sexuelle Erfahrung wird am günstigsten durch Ausschweifung bedingt.

So aufgeklärt, wie wir tun, sind wir natürlich nicht. Ich kenne kaum eine Frau, die auf Nachfrage nicht lügen würde, was die Zahl ihrer Liebhaber angeht. Sogar die, die mit sehr wenigen Männern geschlafen haben, schwindeln. Um mit meiner Schulfreundin Christiane zu sprechen: „Ich kann meine Männer immer noch an beiden Händen abzählen." Was stimmt, es waren genau zwei. Ist ja auch nicht schlimm. Zwei wirklich fabelhafte Liebhaber können einen sehr weit bringen, während 36 miserable Kerle einem in Sachen Sexualoptimierung kein bisschen helfen.

Eine Frau, die weiß, was im Bett möglich ist, gibt sich nicht mit mittelmäßigem Quark zufrieden. Sie ist eine Künstlerin, ein bisschen wie Michelangelo. Der konnte einen Felsbrocken betrachten und sagen „Das wird mal die Pietá", während alle anderen nur einen Stein sahen. Wir sollten nicht aufhören, nach sexueller Qualität zu streben. Im Grunde ist „Herumschlafen", wie es meine Oma väterlicherseits genannt hat, nicht weniger als Charakterbildung. Sex hat schließlich eine Menge mit dem Auseinandersetzen mit sich selbst zu tun. Was bin ich mir wert, und was gönne ich mir?

Als ich eine gewisse Zahl an Liebhabern überschritt, sagte eine Freundin zu mir: „Das macht man nicht." Auf meine Rückfrage, warum man als Frau nicht Sex haben durfte, wie man wollte, als Mann aber schon, erwiderte sie nur: „Das gehört sich eben nicht." Das ist natürlich ein schwaches Argument. Hätte Amelia Earhart nur das gemacht, was sich gehört, wäre sie nie über den Atlantik geflogen.

Ein bisschen Romantik darf man sich aber dennoch bewahren. Stell dir vor, dein vormals umtriebiger Partner würde ständig auf Frauen zeigen: „Guck mal, mit der Blumenhändlerin hatte ich einen heißen Nachmittag auf der Picknickdecke. Und mit der da drüben war ich sogar drei Wochen zusammen! Rein körperlich, versteht sich." Nein. Es gibt Dinge, die muss niemand im Detail wissen. Das Gefühl, dass man die einzig Wichtige ist und vor allem diejenige, die ihn regelmäßig zu sexuellen Höchstleistungen treibt, hat schließlich etwas sehr Schmeichelhaftes. Und sollte dich jemand fragen, mit wie vielen Männern du geschlafen hast, sagst du einfach: „Ich weiß genau, was ich will. Du auch?"

ICH HABE EINEN FUSSFETISCH. WENN ICH FRAUENFÜSSE NACKT SEHE, KÖNNTE ICH DURCHDREHEN. MEINE FREUNDIN SAGT, ICH BIN TOTAL GESTÖRT. BIN ICH NICHT, ODER?

Nein, keine Sorge. Der Grund, warum so viele Männer einen Fußfetisch haben, ist sogar evolutionsbiologisch bedingt. Kleine Füße bedeuten nämlich höhere Fruchtbarkeit, weil der Testosteronspiegel der Frau niedriger ist als bei einer, die riesige Quadratlatschen hat. Allerdings ist es mit Fetischen ja immer so eine Sache. Wer keinen hat, kann die Begeisterung des Fetischisten häufig nicht teilen. Meine Freundin hatte einmal einen Fußfetischisten, mit dem sie ganze drei Jahre zusammenblieb. Während er sich am Anfang noch Mühe gab, wenigstens Interesse für ihren gesamten Körper, insbesondere ihr Geschlechtsteil zu heucheln, ließ er schon bald alle Anstrengung fahren. Sie hatte dann eigentlich gar keinen Sex mehr, während ihren Fußsohlen, Zehenzwischenräumen, dem Spann und ihren Kniekehlen erhöhte Aufmerksamkeit zuteilwurde. „Halt mir deine Füße hin, ich komme gleich", ist bis heute ein fester Bestandteil unseres Neck-Repertoires, und mittlerweile kann sie sogar darüber lachen.

Fetische, aber auch jede Art der extravaganten Obsession sind so etwas wie die sexuelle Aufarbeitung eines Problems, das wir in unserer Umwelt erleben. Das kann zum Beispiel ein Mangel an Connection sein, Verlassenheitsangst, Zurückweisung oder ein Übermaß an Kontrollausübung. Es ist kein Zufall, dass ein Großteil der Typen, die zu Dominas gehen, sehr erfolgreiche Geschäftsmänner sind, die sich nichts sehnlicher wünschen als den totalen Kontrollverlust.

Wenn man einen Fetisch auslebt, dann bewegt man sich für einen kurzen Moment in einer Welt, in der die Regeln des Alltags ausgehebelt werden. Im Grunde wird so etwas wie ein Urzustand wiederhergestellt, als wir noch ohne Grenzen, Scham oder Bewertung frei herumkrauchen konnten. Darum sind die meisten Fetische auch nichts, was im alltäglichen Leben übermäßig brauchbar wäre. Es ist zum Beispiel nicht akzeptabel, jemanden zu schubsen oder zu schlagen, im Sexspiel aber schon. Und wenn wir vielleicht real Angst vor Autoritäten haben, kann es sehr erregend sein, diese Autoritäten in Sexfantasien mit Uniformen umzubasteln.

Meine Oma zum Beispiel hatte das perfekte Rezept für Apfelkuchen und einen Lackfetisch. Das Interessante war, dass sie nach außen hin eine ganz normale ältere Dame war. Obwohl wir wussten, dass sie mit deutlich jüngeren Männern zusammen war, hat niemand in der Familie geahnt, dass sie mehr mit ihnen machen würde als ganz klassischen Sex. Alte Menschen und Sex, das klingt noch immer irgendwie komisch. Aber alte Menschen und Fetischsex, das ist etwas, was einen als Enkel doch ein bisschen umhaut. Ich weiß noch, wie sie mich immer gezwungen hat, mit ihr Sightseeing-Touren durch die Berge zu machen. „Sieh hierhin, sieh dorthin, Kind, du verpasst ja alles!" So eine geht doch nicht abends nach Hause und wirft sich in Lackklamotten.

Als sie bei einem Autounfall starb, war das natürlich auch für sie sehr überraschend, denn zu Hause war alles wie immer. Wenn ein Mensch weiß, dass er stirbt, so stelle ich mir das vor, räumt er auf, vor allem mit dem belastenden oder peinlichen Zeug. Ich würde jedenfalls wollen, dass man mich als güldenes, fast tugendhaftes Wesen in Erinnerung behält.

Aber ihr war entweder egal, was wir dachten, oder sie wollte richtig schocken. In ihrem Kleiderschrank, so einem richtig muffigen Oma-Schrank, hingen nicht nur Kleider. Sondern Lackstiefel, Korsett, Latexhandschuhe und die dazu passenden Büstenhalter in den Farben Schwarz, Weiß, Pink, Lila und Rot. Sie hatte die Sets im Schrank aufgereiht wie Geschäftsmänner ihre Anzüge, sehr ordentlich und farblich sortiert. Die Lacksache war offenbar eine Art Spiel für sie, eine Flucht aus den Konventionen, die sie zeit ihres Lebens begrenzt hatten.

Fetischisten führen also ein glücklicheres Leben, wenn sie sich mit anderen Fetischisten zusammentun. Dasselbe gilt für Nicht-Fetischisten. Ich habe inzwischen Kenntnis über ein paar wirklich abgefahrene Fetische gewonnen, bei denen ich gern dabei wäre, einfach nur, um zu sehen, ob es sie wirklich gibt.

Ich frage mich zum Beispiel, wer als Erstes entdeckt hat, dass er einen Gipsfetisch hat. War es ein Arzt oder gar eine Ärztin? „Schwester Eva, rollen Sie bitte noch mal diese Gipsrolle ab.

Ganz langsam. Noch langsamer. Oh ja." Beim Gipsfetisch geht es darum, einzelne Körperteile oder auch den ganzen Körper einzugipsen. Derart unfähig, sich fortzubewegen und/oder zu wehren, strahlt das Objekt der Begierde nicht nur eine gewisse Hilflosigkeit aus, sondern auch eine für manche erotisierende Unbeholfenheit. Ich stelle mir aber vor, dass es eine große Erleichterung sein muss, wenn das Spiel vorbei ist und man die Gipssäge brummen hört. Der Gipsfetisch ist allerdings einer dieser Fetische, bei denen wirklich nichts passieren darf, zum Beispiel ein Ohnmachtsanfall des uneingegipsten Partners.

Ich kenne niemanden persönlich, der einen Gipsfetisch auslebt, allerdings kann ich mir noch weniger vorstellen, einen Flatophilisten, in meinem Bekanntenkreis zu haben. Jedenfalls wurde mir gegenüber nie erwähnt, dass jemand aus meiner Umgebung darauf steht, wenn ihm jemand ins Gesicht furzt. Ich habe erstaunt festgestellt, dass die Flatophilie sich in Onlineforen ungemeiner Beliebtheit erfreut. „Ein schöner, warmer Frauenfurz, am besten aus engen Jeans gepresst" scheint das Höchste der Gefühle zu sein. „Leider", schreibt ein anderer, „gibt es nur wenige Frauen, die dabei mitmachen." Ich frage mich, warum.

ICH KOMME SELBST AUS FRANKEN UND HABE WAS GEGEN MÄNNER MIT DIALEKT. ICH HABE SOGAR EINE RICHTIGE ABNEIGUNG DAGEGEN. OBERFLÄCHLICH ODER CLEVER?

Knifflig, knifflig. Mich würde erst mal interessieren, ob du deinen Dialekt im Griff hast, ob du zum Beispiel das R rollst und ob du D und T unterscheiden kannst.

Ich persönlich mag ja klares Hochdeutsch, finde es dann aber wiederum reizend, wenn der Mann in einzelnen Momenten etwas heimatlichen Sprachgebrauch zum Besten gibt. Aber Sex will ich auf alle Fälle auf Hochdeutsch haben. Ist das oberflächlich? Vielleicht. Aber ich verstehe, was er möchte. Damit du verstehst, was ich meine, lass mich dir folgende Geschichte erzählen.

Meine Freundin Mimi hatte vor Jahren mal einen Typen namens Lenny (von Leonard), dessen Sprachduktus sie zu der legendären Aussage trieb: „Manchmal ist er richtig putzig. Und dann geht er mir zwei Sekunden später so auf die Nerven, dass ich die Fensterscheiben mit seinem Penisleder polieren möchte." Die Tatsache, dass Lenny kein Hochdeutsch sprechen konnte, machte den Geschlechtsakt nicht leicht. Seine Mutter war Sächsin, sein Vater Mannheimer, und auch wenn die Mutter in den 70er-Jahren aus dem Osten geflohen und sich am Rhein niedergelassen hatte, so erschuf die Kindheit in Lennys Zuhause eine so unheilvolle Sprachmelange aus Mannheimerisch und Sächsisch. Nachdem ich ihn kennengelernt hatte, fragte ich mich, wie er es überhaupt durch die Schulzeit geschafft hatte.

Meine Treffen mit Mimi und Lenny waren von Missverständnissen geprägt. „Hemmenenemmmemmemwiehöeuischtdernochemal!" oder so sagte Lenny häufig und lächelte mich dann gewinnend an. Ich lächelte zurück, nickte und fragte Mimi: „Was hat er gesagt?" Ganz ähnlich ging es mir auch immer, wenn ich in den Ferien Schulfreunde mit zu meinem Vater nach Bayern nahm. Manchmal muss man sich einfach auf seine Intuition verlassen. Meistens sagte Mimi so etwas wie: „Ich habe keine Ahnung, aber es ist sicher am besten, wenn wir einfach zurücklächeln." Das taten wir dann auch so lang, bis Lennys Lächeln einfror und er traurig mit den Schultern zuckte.

Mir fällt dazu eine Studie ein, die die Datingplattform Parship mal durchgeführt hat. Demnach sind bei Frauen norddeutsche und rheinische Dialekte besonders beliebt, Männer hingegen finden die bayrische und sächsische Mundart sehr sexy. Von Mannheimerisch nehmen beide Geschlechter Abstand, und ich kann verstehen, warum. Oder vielmehr nicht verstehen.

Immer wenn Lenny zum Beispiel mit Drinks von der Bar zurückkam, entließ er eine große Menge bestürzend rundlich klingender Silben aus seinem Mund und kippte dann ein halbes Glas Bier hinterher. „Wie macht ihr das nur?", fragte ich Mimi einmal, „so ganz ohne Übersetzer? Er könnte in der Öffentlichkeit die grässlichsten Dinge sagen, und du würdest es nicht mal merken." Wir blickten beide auf Lenny, der lächelnd am Tisch saß und uns zunickte. „Die anderen aber auch nicht", sagte Mimi. Und da hatte sie auch wieder recht.

WILL WIRKLICH JEDER MANN EINEN GEBLASEN KRIEGEN? VIELE MEINER FREUNDINNEN MÖGEN KEINEN ORALSEX, BEI DEM SIE DER PASSIVE PART SIND. TICKEN MÄNNER DA SO ANDERS?

Interessante Frage. Ich höre immer wieder von Frauen, die nicht gern blasen, und von solchen, die Oralsex auch an sich unangenehm finden. Lang war ich der Überzeugung, dass ebensolche Frauen ihren Körper nicht richtig annehmen und deshalb den Oralsex verschmähen. Aber inzwischen bin ich nicht mehr so sicher. Möglicherweise mögen sie es wirklich nicht, so wie der eine Analsex mag und der andere überhaupt nicht. Und nur weil ich eine Technik wirklich fantastisch finde, muss das nicht heißen, dass jeder das Gleiche empfindet. Tellerrand und so.

Wäre ich ein Mann, fände ich es vermutlich toll, einen geblasen zu kriegen. Es ist nicht ausgeschlossen, dass ich in der Jugend mit offener Hose herumgelaufen wäre, um mein Geschlechtsteil feilzubieten: „Na, willst du auch mal? Macht schön volle Lippen!" Dass es auch volle Backen macht, hätte ich geflissentlich verschwiegen. Ich kann das nicht mit Gewissheit sagen, aber so begeistert, wie die meisten Männer über ihren Penis sprechen, gehe ich davon aus, dass es das Größte der Welt ist, einen zu haben.

Allerdings habe ich einmal in meinem Leben einen Mann getroffen, der es nicht gernhatte, wenn man an ihm saugte. Beziehungsweise fand er es ganz okay, aber: „Du kannst es ruhig machen, nur bringt es bei mir halt nichts." Er hatte überhaupt eine recht fatalistische Einstellung zu Sex, fand ihn notwendig, aber nicht unbedingt faszinierend. Alle Versuche meinerseits, ihn per Mund zum Höhepunkt zu bringen, kommentierte er mit einem müden: „Ich bin noch nie so gekommen, und dabei bleibt's auch."

Nun habe ich mich neulich mit einem Bekannten getroffen, der mir gestand, dass er ebenfalls nicht darauf steht, zumindest nicht auf das Gefühl dabei. Oder, um mit ihm zu sprechen: „Vagina ist geiler." Was ihm aber am Blasen sehr gut gefällt, ist das Patriarchalische daran, die Dominanz, die naturgemäß in der Praktik liegt. „Wenn du von oben auf die Frau guckst, die dir gerade am Penis lutscht, das hat schon was."

Diese Aussage gab ich in einer größeren Männerrunde zur Diskussion, und in diesem Punkt stimmten alle zu. Was das Gefühl und den Erregungszustand anging, so fanden es fast alle großartig, wobei drei zugaben, dass der Zauber des Oralverkehrs für sie aus dominantem Habitus und Sinnesreiz lag. Um deine Frage zu beantworten: manche so, manche so.

LIEBE PAULA, IST ES OKAY, WENN ICH BEIM BLOWJOB AN ETWAS ANDRES DENKE?

Okay nicht, denn Sex ist eine Sache, die im Hier und Jetzt stattfinden sollte. Trotzdem bist du damit nicht allein. Es gibt einfach Tage, an denen schweifen die Gedanken, wohin sie wollen.

Vor ein paar Jahren stand in einer Frauenzeitschrift eine Umfrage, woran Frauen denken, während sie ihren Partner oral beglücken. Ich hatte etwas erwartet wie: „Mist, es fühlt sich doch an, als hätte ich eine Mandelentzündung." Oder: „Da hat sich die Zahnreinigung doch mal richtig gelohnt." Stattdessen dachten sie Dinge wie:

„*Nicht würgen. Nicht würgen. Verdammt!*"

„*So, ich zähle jetzt bis 150 oder 175. Wenn er länger als 200 braucht, hat er sich heute einen runtergeholt.*"

„*Wenn ich reinblase, wird dann sein Sack größer?*"

„*Ah ha ha ha stayin' alive, stayin' alive, Ah ha ha ha stayin' alive, stayin' alive.*"

„*Ich wünschte, ich könnte durch die Nase atmen.*"

„*Mein Kiefer schmerzt.*"

Insofern ist es gut, dass Männer keine Frauenzeitschriften lesen.

HANDARBEITSABEND

Mit Selbstversuchen ist es so eine Sache. Vieles will ich einfach nicht ausprobieren, weil ich weiß, dass es nicht meinen persönlichen Geschmack trifft, anderes erachte ich als absolut lehrreich. Wie heißt es so schön? Wer nicht weiterlernt, wird dumm. Das Problem dabei ist die persönliche Grenze, vor allem, wenn man sich mit dem Thema Sexualität auseinandersetzt. Vieles, was für andere völlig undenkbar wäre, ist für mich gerade spannend. Das meiste in diesem Bereich entlockt mir kein lüsternes Gekeuche, sondern im Gegenteil eher die flitzebogenhafte Gespanntheit einer Wissenschaftlerin. So ging es mir auch bei der Versuchsreihe „Handarbeitsabend", und glaub mir, ich musste eine Menge Gemecker dafür einstecken, da ich, oh Schreck, einen Penis angefasst habe. Einen fremden Penis.

Aber noch mal von Anfang an. Für die Sendung „Mein erstes Mal" ging es darum, ein paar Erlebnisse aus den Bereichen Liebe, Sex und Partnerschaft zu finden, die Menschen zum ersten Mal erleben. Mein erstes Mal Liebeskummer zum Beispiel. Und da die Redaktion voller Witzbolde ist, wollten sie unbedingt, dass ich einen Selbstversuch mache. Mein erstes Mal Poledance konnte ich gerade so abwehren. Den Vorschlag, auf den Handarbeitsabend zu gehen, fand ich dann aber gut, weil ich hoffte, endlich nähen zu lernen.

Stell dir ein Massagestudio vor (die Art mit Happy Ending), das aber das Wohlgefühl des Menschen als Ganzes im Blick hat. In so einem Studio fand der Handarbeitsabend statt. Es roch nach Räucherstäbchen und sehr viel Mandelöl. Für viele Menschen sind solche Massagestudios die Rettung, weil sie sonst nie berührt werden. Ich stelle es mir grauenhaft vor, wenn einen nie jemand anfasst. Insofern bin ich solchen Studios gegenüber sehr aufgeschlossen und dankbar, ich wünschte nur wirklich, sie würden anders riechen. Der Handarbeitsabend ist ein Kurs für Frauen, die ihre Fertigkeiten am Penis verbessern möchten, sodass sie noch mehr Spaß und Selbstbewusstsein im Bett haben. (Das männliche Äquivalent nennt sich „Handwerkerabend", einfach mal googeln.) Normalerweise findet der Handarbeitsabend fern eines lebenden Objektes statt, nämlich mit einer Piccoloflasche als Penisersatz. Wir fanden die Vorstellung, zwei Stunden an einer Piccoloflasche zu schrauben, allerdings ziemlich unsexy und entschieden uns, ein lebendiges Modell einzuladen, denn wenn schon, denn schon. Ich hatte natürlich vorher zu Hause um das Okay gebeten, manche Männer sind da ja heikel. Aber ich fand die Echtheit für die Sache wichtig. Eine Flasche kann nicht sagen, ob der Druck so richtig ist, ob es wehtut oder gar besonders angenehm ist, ein Mann aber schon. Macht für mich Sinn. Wie gesagt, vielleicht bin ich anders als die meisten, aber für mich hat ein Penis in so einem Kontext überhaupt nichts Sexuelles, sondern eher etwas Wissenschaftliches. Penis hin oder her, entscheidend ist doch, was am Ende dabei rauskommt, oder?

Anna Mondry, die Trainerin für Handarbeitsabende, ist eine der Frauen, die einem Dinge so ruhig und souverän erklären, dass man am Ende auch, ohne zu zögern, für sie über glühende Kohlen laufen würde, wenn es das ist, was Anna richtig findet. Ihre Art, Handjobs zu erklären, hat so etwas angenehm Nebensächliches, denn, meine Güte, es ist Sex, und Sex ist gut für euch. Trotzdem war mir etwas mulmig, denn ich wusste nicht, wen die Redaktion ausgesucht hatte. Wenn es ein unattraktiver oder übermäßig esoterischer Typ wäre, hätte ich vielleicht ein Nähe-Distanz-Problem mit seinem Penis, was blöd wäre, weil ich vollmundig behauptet hatte, dass Anfassen gar kein Problem sei.

Aber man will ja auch nicht irgendeinen. Der Typ war von der Marke Collegestudent und unheimlich mutig. Ich würde mich nicht nackt in einen Raum voller Männer legen, damit die an mir Griffe an meinem Geschlechtsteil ausprobieren können. Auch nicht für Geld. Markus hingegen zeigte gleich einen freundlichen Enthusiasmus in jeder Faser seines Körpers. Anna zeigte Griffe wie „Shivas Rache", wobei ich, glaube ich, falsch erinnere, denn „Rache" wäre ja eher abbeißen oder so, Shiva ist schließlich der Gott der Zerstörung. Also irgendetwas mit Shiva. Dann zeigte sie, wie man einen Ring um die Hoden bildet und ganz zünftig nach unten zieht, viel fester, als ich es mich jemals getraut hätte, um aus dem Skrotum einen kraulbaren festen Sack zu machen. Bei „Fire and Rain" zwirbelt man den Penis zwischen den Händen wie eben einen Stock, mit dem man Feuer machen will, und es gab eine kurze Diskussion, ob Markus diese Technik gefällt oder ob das Brennen in seinem Penis doch eher Schmerzen waren statt Erregung.

Ja, und dann sollte ich ran. Inzwischen fühlte ich mich wie die größte Penis-Anfängerin der Welt. Ich hatte noch nie einen Hodensack feste nach unten gezogen oder den Penis zwischen meinen Handflächen heiß gerieben. Was für ein Vergnügen ich all den Penissen bisher verweigert hatte!

Der erste Griff in Markus' Schoß war merkwürdig. Das könnte allerdings nicht nur an der Fremdheit gelegen haben, sondern auch an der Tatsache, dass mir die Flasche mit dem Gleitmittel ausgeglitten war und ich bis zum Ellenbogen mit schleimiger Substanz bedeckt war. Meine Hände waren so glitschig, dass ich Mühe hatte, den Penis überhaupt einzufangen.

Um das Problem zu lösen, wandte ich den „Juicer" an, eine mir unter dem Namen „Krönchenwichsen" bekannte Tätigkeit. So konnte ich nämlich nicht arbeiten. Der „Juicer" bezeichnet das Umfassen der Eichel in einer drehenden Bewegung mit Drall nach unten, genau so, als würde man eine sehr lange Zitrone auspressen. Markus gefiel das, aber auch der „Oktopus" erzeugte eine überzeugende Wirkung.

Ich gerate von Berufs wegen in viele merkwürdige Situationen. Aber vor Frauen mit Notizblöcken auf einem Podest zu sitzen und einen fremden Penis zu halten war eine, von der ich auch Monate später noch gern auf Partys erzählte. Das Problem war nämlich dieses: Du sitzt da, hast den Penis in der Hand, willst souverän wirken und gleichzeitig sachlich distanziert. Aber das Körperteil reagiert ja unter deinen Fingern, und du willst dem Penisbesitzer auch kein schlechtes Gefühl geben, wenn du währenddessen Witze über missglückte Handjobs machst. Nicht nur im körperlichen Sinne nicht. Als ich merkte, dass Markus auf Fragen nur noch stockend antwortete, hörte ich auf, zu oktopussen, denn ein fremder Penis ist immer noch etwas andres als fremdes Sperma.

Die ganze Zeit hielt die Kamera drauf. Als wir zu dem eher theoretischen Teil des Gesprächs übergingen, hockte ich immer noch zwischen seinen Beinen und hatte immer noch seinen Penis in der Hand, weil mir klar war, dass ich den Take nicht unterbrechen durfte, um die Stimmung nicht zu versauen. Es war merkwürdig, und da ich nicht wusste, was ich tun sollte, sprach ich mit Anna und tätschelte nebenher mütterlich weiter, um die Größe zu erhalten. Weil ein erschlaffender Penis eine ganz betrübliche Angelegenheit ist.

IST ES FALSCH, SICH UNTERWERFEN ZU WOLLEN?

Nein. Und du wärst damit auch nicht allein. Studien legen nahe, dass zwischen 40 und 80 Prozent aller Frauen sogenannte negative Sexfantasien haben. Das beinhaltet vor allem Praktiken, die Unterwerfung bedeuten. Ist das schlimm? Natürlich nicht. Das Gute an Fantasien ist, dass sie relativ wenig mit dem echten Leben zu tun haben. Oft steckt dahinter der Wunsch, die Kontrolle abgeben zu dürfen. Und sofern alle Beteiligten einverstanden sind, dürfen in erotischen Spielen ruhig Grenzen überschritten werden, solange die Würde gewahrt bleibt. Solltest du allerdings ständig beim Blick auf deinen Partner davon träumen, dass ein grobschlächtiger Feuerwehrmann kommt und dich mit seinen rußverschmierten Fingern öffentlich demütigt, ist es an der Zeit, mal ganz grundsätzlich über dein Selbstbild nachzudenken.

ICH WÜRDE MICH GERN VON EINEM MANN DOMINIEREN LASSEN. IST DAS OKAY?

Sicher. Ich kann dir dazu den Comedian Andre Kramer empfehlen, der nicht nur sehr lustig ist, sondern auch leidenschaftlicher Dom. Also so wie Christian Grey, nur ohne Helikopter. Und in echt. Ich habe ihn gefragt, was er so dazu sagt. Bitte schön.

„Es ist ja nicht nur das reine Hauen. Das ist einfach. Macht über einen gefesselten Körper zu haben ist das eine. Aber Macht über einen Körper und einen Geist in Einklang zu haben, den Ton anzugeben, die Kontrolle zu haben sowohl über ihre Gedanken als auch über ihr Empfinden und ihren Orgasmus, das ist Ekstase. Es gibt keinen bestimmten Typ Frau, der sich gern unterwirft oder nicht. Es können die Putzhilfe, eine Selbstständige und die Personalchefin sein. Das kann man also nicht kategorisieren. Es muss eine freiwillige Entscheidung sein, geführt werden zu wollen, Verantwortung und Kontrolle bewusst abzugeben und dadurch das Sich-fallen-Lassen auf eine ganz andere Ebene zu heben. Für Masochistinnen spielt Lustschmerz natürlich eine wichtige Rolle.

Der Prozess, einen passenden Partner zu finden, sich das selbst einzugestehen und für sich zu akzeptieren und dem ersten Sexualpartnern gegenüber auch selbstbewusst artikulieren zu können, dauert recht lang. Ich weiß von vielen, denen schon in der Pubertät klar war, auf was sie stehen.

Natürlich sind nicht alle Frauen devot und unterwerfen sich gern. Es gibt viele dominante Frauen. Die Femdoms unterwerfen dann Männer."

SKIRT CLUB

Die meisten Frauen haben homosexuelle Fantasien, auch das unterscheidet sie auf faszinierende Weise von den Männern. Die Veranlagung haben sich die Betreiberinnen des internationalen Skirt Clubs zunutze gemacht, die Partys arrangieren, auf denen homo- oder bi-interessierte Frauen zwanglos Erfahrungen sammeln dürfen. Wobei ich mich hinterher gefragt habe, ob es nicht die clevere Idee von ein paar Frauen war, die einfach Lust hatten, eine nicht enden wollende Flut an sexwilligen Frauen zugeführt zu bekommen.

Als ich hörte, dass wir dort drehen würden, habe ich mich gefreut. „Yay!", dachte ich. „Das wird superromantisch und sexy, lauter schöne Frauen, die begehrenswerten Sex miteinander haben." Ich stellte mir das Ganze ungefähr vor wie die Bordellszene in „Pakt der Wölfe", wo Monica Bellucci sich zwischen Seidenkissen und Frauen in langen Gewändern räkelt, denn der Skirt Club hat strenge Aufnahmeregeln. Man muss sich mit Foto bewerben, ein attraktives Erscheinungsbild und ein gutes Bildungsniveau bieten. Zudem gibt es eine Altersgrenze, niemand darf älter als 49 sein.

Wir bekamen eine Wegbeschreibung zu einer Adresse in Berlin-Schöneberg. Ich war irritiert. Wegen des Namens war ich davon ausgegangen, dass der Club sich auch in einem Club treffen würde. Als wir dort ankamen, war es aber eine schnöde

Erdgeschosswohnung mit mehreren Zimmern voller beigefarbener IKEA-Möbel. Nicht sehr erotisch, aber okay.

Die Schwierigkeit dieses Drehs war auch hier, dass wir die Frauen nicht in sexueller Aktivität zeigen durften, weil die Sendung um 20.15 Uhr laufen sollte. Also hatten wir die Damen, die am Abend bedienen würden, gebeten, im Hintergrund partymäßig herumzustehen, während ich Interviews mit einigen Teilnehmerinnen und der Veranstalterin machte sowie der jungen Frau, die sich bei uns gemeldet hatte, weil sie unbedingt einmal Sex mit einer Frau haben wollte. Es war schön, die Gespräche eloquent und die Atmosphäre ein bisschen befremdlich, weil die beigefarbene Wohnung bis auf ein paar Frauen in Strapsen so gänzlich leer war. Aber die Party hatte ja auch noch nicht begonnen. Den Grundgedanken fand ich toll. Die Redakteurin, die mit mir unterwegs war, sagte, dass auch sie schon viele Fantasien über Sex mit Frauen hatte und gespannt wäre, wie es sein würde.

Als die Party dann begann, musste das Kamerateam verschwinden, weil die wenigsten Damen Lust hatten, sich beim Sex filmen zu lassen. Verständlich. Geplant war, dass wir später ohne Kamera wieder zurückkehren würden, um uns einen Eindruck von dem Geschehen zu machen. Ich fuhr kurz in die Stadt, um meine Schwester zu treffen, und bekam gegen 23 Uhr eine SMS der Redakteurin mit den Worten: „Es ist so krass. Du musst schnell kommen."

Als ich ankam, öffnete sie mir verschwitzt und mit vor Aufregung geweiteten Pupillen die Tür. „Du wirst es nicht glauben", sagte sie. „Ich wette, so etwas hast du noch nie gesehen." Zu diesem Zeitpunkt hatte ich, der Fuchs weiß, wieso, immer noch David-Hamilton-mäßige Bilder in meinem Kopf. Junge, nackte Mädchen, die sich in kicherndem Liebesspiel erotisch miteinander vereinen würden. Dazu etwas klassische Musik und Tabletts mit zuckerwattigen Muffins, die herumgereicht würden. Keine Ahnung, wie ich darauf kam.

Die Wohnung war rappelvoll. Die Luft war schwer und nass vor Schweiß, und über allem lag ein dumpfer Elektrobeat. Die

Musik konnte die Lustschreie kaum übertönen. Auf den Betten lagen überall Frauen, die es miteinander trieben. Von David Hamilton keine Spur. Gleich im ersten Zimmer leckte eine Frau ausgiebig (und in einem enormen Tempo) eine andere, küsste dann die danebenliegende und rutschte hinüber, um nun sie zu lecken. Auf dem Boden im Hauptschlafzimmer sah ich, wie eine Frau eine andere fistete, mit einer Grobheit, die ich persönlich empört zurückgewiesen hätte. Im Wohnzimmer lagen Frauen auf den Sofas, andere Frauen zwischen den Beinen, und stöhnten, was das Zeug hielt. Ich habe schon Orgien gesehen. Aber dies hier hatte etwas so Vorzeitliches, Rohes und energetisch Krasses, dass ich es einfach nicht verarbeiten konnte. Diese Frauen benahmen sich wie ein Rudel wilder Tiere. Tatsächlich fällt mir kein besserer Begriff ein. Es war auf seine Art schön – und es war enorm angsteinflößend. Diese Fisting-Geschichte und die Aggression beschäftigte mich noch Tage später. Nicht weil Frauen nicht aggressiv sind. Aber weil ich dachte, sie wüssten es besser.

Da hätte ich noch was! Schmerzen

Ein wiederkehrendes Thema in meiner Sendung ist die Lust am Schmerz. Wie gesagt, das ist eine Frage des persönlichen Geschmacks. Ich kann verstehen, wenn man im Eifer des Gefechts Gefallen daran findet, an den Haaren gezogen zu werden oder einen leichten Klapsen zu bekommen, aber so richtige Schmerzen mit Tränen und Blut, das kann ich nicht nachvollziehen. Genauso wenig verstehe ich, warum jemand seine arme Klitoris, den Sack oder die bedauernswerten Brustwarzen mit Stahl durchlöchern möchte. Aber, hey, it's a thing!

Schmerz sorgt dafür, dass manche Menschen sich besser spüren können. Jeder Hieb, jeder Biss ist zunächst einmal ein Sinnesreiz, der gar nicht weiter als schlecht oder gut kategorisiert werden muss, sondern einfach ein intensives Gefühl erzeugt. Und dieses Gefühl kann, gekoppelt mit sexueller Erregung, Menschen auf enorme Höhenflüge schicken. Für diejenigen, die das Gefühl haben, es wäre was für sie, empfehle ich auf jeden Fall, sich in erfahrene Hände zu begeben. Einmal war eine Frau bei „Paula kommt" zu Gast, die es liebte, wenn ihr Mann ihr den Hintern versohlte. Sie sagte das so leicht und spielerisch, dass ich dachte, es handle sich im Ergebnis um ein paar rote Handabdrücke auf dem Po. Natürlich fragte ich sie nach Fotos. Auf manchen davon war ihr Hintern praktisch nicht mehr zu sehen. Aufgeplatzte Haut, Blut, rohes Fleisch. Der Rohrstock hatte überall tiefe Spuren hinterlassen. Was bei mir einen erschrockenen Aufschrei provozierte, sorgte bei ihr für größten Genuss. Wichtig ist nur, finde ich, dass man seine Gesamtgesundheit, auch die psychische, im Blick behält.

ICH BIN IRGENDWIE UNSICHER, OB DER SEX, DEN ICH BEKOMME, ECHT DER KNALLER IST. WENN ICH FRAUENZEITSCHRIFTEN LESE, BEKOMME ICH IMMER DAS GEFÜHL, DASS WIR MEHR TUN MÜSSTEN. HILFE!

Sich mit anderen zu vergleichen ist der sichere Weg in den Abgrund. Du weißt doch, was Frauenzeitschriften immer von dir verlangen: Sei, wie du bist – aber nicht so.

Fragt man die durchschnittliche Frau, ob sie mit ihrem Sexualleben zufrieden ist, wird sie in 90 Prozent aller Fälle sagen: „Och, ganz in Ordnung, aber du weißt ja, wie es ist. Nach ein paar Jahren ist die Luft eben raus." Und die anderen zehn Prozent sagen:

„Wow, wir haben schon wieder ein Bett zerstört! Bald kriegen wir bei IKEA Mengenrabatt! Schiebst du mal mein Fahrrad? Ich kann gar nicht sitzen." Und unglücklicherweise sind es diese zehn Prozent, die einem das Gefühl geben, das irgendwas falsch läuft. Dass der Sex, den man als Durchschnittsfrau hat, nicht gut genug, sondern nur amateurhafter Käse ist, der die Bezeichnung Sex gar nicht verdient. Die Folge? Frustration, Langeweile, die Sehnsucht nach etwas andrem. Im schlimmsten Fall sogar Potenzprobleme – und zwar auf beiden Seiten.

Der amerikanische Psychologe Michael E. Metz hat sich des Problems angenommen und mit einem Kollegen eine ebenso schlaue wie schlüssige Lösung entwickelt: Das Konzept „The Good-Enough Sex" – Sex, der gut genug ist. Metz lebt in St Paul, Minnesota. Er hat viele Bücher geschrieben und Preise dafür gewonnen. In seinen Büchern geht es darum, wie man mit Erektionsstörungen umgeht oder die Leidenschaft in seine Ehe zurückholt. „Es ist verflixt kompliziert mit dem Sex", sagt er. Das stimmt. Der Alltag erschöpft. Häufig sind beide zu müde. Manchmal haben beide Sex, weil sie glauben, dass es nötig wäre, obwohl sie keine Lust haben. Und zu oft denken Paare, dass es normal wäre, dass der Sex in Beziehungen immer seltener wird.

„Das ist ein großer Irrtum", sagt Metz. „Sex in gesunden langjährigen Beziehungen wird automatisch immer intensiver. Natürlich geht die Wildheit der ersten ein, zwei Jahre verloren. Aber die Intensität sollte da sein. Wenn man sich sagt, er will dreimal die Woche, die Frau aber nur einmal, dann sitzt man als Paar schon in der Falle. Das Good-Enough-Sexmodell beruht auf dem Glaubenssatz, dass guter Sex nur in einer gesunden Beziehung funktioniert. Und eine gesunde Beziehung ist nur dann möglich, wenn sich die Partner als Team verstehen. Die Frage, die man sich stellen muss, ist eher diese: Wie können wir Sex haben, dass es uns beiden guttut?"

Metz findet, dass Partner, die mit dem Good-Enough-Sexmodell arbeiten, eine Art Vertrag miteinander abschließen. Sie setzen sich das lebenslange Ziel, miteinander und aneinander zu wachsen. „Sex", so der Psychologe, „ist ein elementares Kommunikationsmittel. Die meisten Beziehungen, in denen ernste Probleme auftauchen, sind solche, in denen sexuelle Wünsche und Vorstellungen nicht diskutiert werden. Aber man muss darauf achten, dass der Ton liebevoll bleibt. Wer ‚Bist du etwa frigide?' vorgeworfen bekommt oder ein ‚Du findest mich wohl nicht mehr attraktiv?', wird gleich in die Defensive gedrängt. Es geht aber nicht darum, einen Kampf zu gewinnen. Sex ist etwas, das für beide Partner gut ist." Macht Sinn, oder?

Ein Satz, den er seinen Patienten gern sagt, lautet: „Willkommen in der Realität." Die Realität besteht bei vielen Menschen aus Arbeit, Rechnungen, Kindern, schlechtem Wetter und einem Hund mit Verdauungsproblemen. „Ich sage vor allem den Frauen immer: Sie sind kein Pornostar", sagt Metz, „sondern ein ganz normaler Mensch. Aber selbst, wenn Sie mies gelaunt sind, können Sie trotzdem Sex haben. Einfach, weil er Ihnen genau in der Situation guttun wird. Woran wir in der Praxis arbeiten, ist, vor allem den Männern beizubringen, dass Frauen emotionale Intimität brauchen. Und dann schlage ich den Patientinnen noch vor, wie das gehen könnte. Der Partner könnte sie in den Arm nehmen und ein wenig streicheln, und vielleicht gibt er ihr ein wenig Oralsex. Ich frage immer: ‚Glauben Sie nicht, dass Ihnen das guttun würde?' Und natürlich nicken die meisten."

Die Sache ist im Prinzip wirklich leicht. Es geht nicht darum, dass beide immer kommen und sogar gleichzeitig. Es geht darum, dass Menschen ein intimes Team bilden, sexuelle Freunde sind. Es geht darum, zu verinnerlichen, dass Sex haben nicht bedeutet, dass jeder alles beim anderen macht. Sex kann auch vorsichtig und klein sein und ganz beiläufig. Er soll in erster Linie Freude machen. Niemand sollte irgendjemandem etwas beweisen müssen. Wer es schafft, eine Verbindung herzustellen, der löst eigentlich alle wesentlichen Probleme.

Untersuchungen über weibliche Sexualität haben gezeigt, dass der weibliche Fokus der Sexualität in einer Beziehung nach etwa zwei, drei Jahren auf die emotionale Ebene rutscht. Berührung ist dann wichtiger als Leidenschaft, Nähe bedeutender als schweißnasse Laken. Das ist natürlich nichts Negatives. Wenn eine Frau erst mal so richtig in Fahrt ist, dann kann sie noch wilder lieben als ein Mann. Leider neigen Frauen dazu, Männer auf ihre Brünftigkeit zu reduzieren. Als wären Männer Tiere, die im Zaum gehalten werden müssen. Und derart reduziert zu werden greift wiederum massiv das männliche Selbstwertgefühl an.

Der Gedanke „Jetzt ist es schon sieben Tage her, und er hat schon wieder diese Falte zwischen den Augenbrauen. Wir sollten schnell Sex haben, bevor er versucht, Brandenburg zu erobern" ist auch mir nicht fremd. Dabei hat Sex eine Menge Funktionen, die gar nicht beachtet werden. Von der Fortpflanzung abgesehen, dient er der Stressreduktion, dem Wohlbefinden, der Erhöhung des Selbstbewusstseins und der Schaffung von Nähe innerhalb der Beziehung. Sex im Sinn von reiner Penetration bringt im Grunde kaum etwas, wenn er die anderen Aspekte außer Acht lässt. Wenn du Good-Enough-Sex haben willst, darfst du nicht so viel Wert auf die Performance im Einzelnen legen, sondern darauf, dass euer beider Sinne stimuliert werden. Das bedeutet dann zwar ziemlich häufig, dass es kein legendärer Akt wird, der in die Geschichtsbücher als Vögelei des Jahrhunderts eingehen wird. Aber wichtiger ist doch wirklich, dass du in einer Partnerschaft leben kannst, in der ihr beide frei von Zweifeln seid und voller Befriedigung. Ansprüche sind nämlich pures Gift für Sex.

Es bringt dir nichts, wenn du versuchst, Sasha Grey zu sein, obwohl du dich wie Angela Merkel fühlst. Und ich rate dir eins: Beim nächsten Treffen mit deinen Freundinnen tust du nicht so, als seien bei euch die Betten zu Bruch gegangen. Behaupte auch nicht, dass dein Mann dir jedes Mal die Sinne raubt. Sei einfach ehrlich. Dein Sex war nämlich wahrscheinlich genau so, wie er sein sollte: gut genug.

WAS WAR DER MIESESTE SEX, DEN DU JE HATTEST? ICH FRAGE NUR, WEIL ICH SICHERGEHEN WILL, DASS MEINER ECHT MIST WAR.

Sich an den miesesten Sex zu erinnern ist einfach. Erinnerst du dich noch an das Kapitel mit den Sexunfällen? Er war nicht so mies, dass ich danach der Sache für eine Weile abgeschworen hätte, aber wenn jemand sagt: „Ich hatte letzte Nacht wirklich miesen Sex", weiß ich ziemlich genau, was gemeint ist. Wenn du das Gefühl hast, es war mies, dann war es das auch. Da gibt es nicht viel Interpretationsspielraum.

Schwieriger wird es doch mit dem besten Sex. Die Leute haben ja alle möglichen Erwartungen an Sex. Das Selbstwertgefühl meiner Generation ist auf dem Leistungsprinzip aufgebaut, also rammeln sie wie die Weltmeister und wundern sich, dass sie trotzdem nicht richtig froh werden. Guter, großartiger Sex hat nichts mit Orgasmen zu tun, jedenfalls nicht ausschließlich, sondern eher mit dem Gesamtgefühl. Ich meine, jeder Trottel kann einen zum Kommen bringen, wenn man ihn ein bisschen anleitet. Was also ist der beste Sex, den ein Mensch haben kann? Mit Anfang zwanzig hatte ich meistens Lust, mit irgendjemandem zu schlafen, inzwischen aber nicht mehr. Eine Zeit lang habe ich mich gefragt, ob ich vielleicht zu viel Sex gehabt und mein

Pulver schon verschossen habe. Aber dann fiel mir ein, dass es daran liegen könnte, dass ich in einer festen Beziehung bin und darum die Jagd für den Moment zu Ende gegangen ist, ohne dass ich es richtig mitbekommen hätte.

Am herrlichsten finde ich Sex in Kombination mit Liebe. Aber mit den besten Sex meines Lebens – und ich meine nur reinen Sex, nicht Liebe und Zukunftspläne und das ganze Zeug, das sonst noch daran hängen kann – hatte ich mit einem sehr stark behaarten Geologen. Überhaupt hatte sein ganzes Wesen etwas Urzeitliches, und wahrscheinlich war es dieser „Ich werfe dich über die Schulter und schleppe dich in meine Höhle"-Aspekt, der den Sex zwischen uns überhaupt so interessant gemacht hat. Ich fühlte mich im besten Sinn flachgelegt. Der Geologe hatte nichts, was meine Freundinnen gutgeheißen hätten, also existierten wir ausschließlich im Dunkel der Nacht. Aus seinen Poren quoll das Testosteron, jedenfalls nehme ich das an, denn er roch wie ein Moschusochse. Gelegentlich nannte er mich „kleines, geiles Stück" und berührte mich in der Öffentlichkeit, na ja, unsittlich, und anstatt ihm eine zu scheuern, riss ich mir die Kleider vom Leib. Was mir an dem Sex mit ihm gefiel, war, dass es mir vollkommen egal war, was er von mir dachte.

Zwischen uns gab es keine jämmerliche Warterei auf irgendwelche Anrufe oder enttäuschte Erwartungen, weil wir nie Erwartungen an den anderen hatten, außer eben, dass wir uns im Bett gegenseitig erfreulich behandeln wollten. Und das taten wir, so gut wir konnten. Wenn man an der Uni ist, hat man ja Zeit dafür. Kaum tritt man ins Arbeitsleben ein, bleibt kaum noch Platz für verstandraubenden Sex, schon allein, weil die Zeitfenster so eng sind. „Kannst du Dienstag, so gegen acht?" – „Nee, geht nicht, da muss ich zum Yoga." – „Mittwoch?" – „Auch schlecht. Da habe ich abends Konferenz und danach Kochkurs." Der Sex war roh und irgendwie ursprünglich. Es hatte nichts von diesem neumodischen „Du, ich finde es total erregend, deine erogenen

Zonen zu erraten"-Getue. Wir schwitzten, und unsere Körper waren nass wie Fischleiber, nicht nur am Anfang, sondern die ganzen drei, vier Monate lang. Wir krallten uns an den Haaren des anderen fest, wir seufzten und keuchten und murmelten Unverständliches. Zum ersten Mal in meinem Leben kapierte ich, was Männer an Sex so toll finden, dass sie an fast nichts anderes denken können. Tatsächlich fühlte ich mich in meiner ganzen Brünftigkeit irgendwie männlich. Wenn ich etwas wollte, dann nahm ich es mir, es gab keine Momente des schamhaften Zögerns, weil ich ihn nicht mit meiner damenhaften Züchtigkeit beeindrucken wollte, sondern mit dem genauen Gegenteil. Ich wollte ja nicht geheiratet werden, sondern nur gevögelt.

Wenn ich etwas gelernt habe, dann das: Den besten Sex hatte ich mit Leuten, bei denen die Zukunft keine Rolle spielte. Wenn Worte wie „Beziehung" oder „Hochzeit" oder „Kindernamen" auch nur in den geringsten Wahrscheinlichkeitsbereich rückten, war es vorbei. In solchen Fällen war ich dann mehr mit dem Kopf als mit dem Körper beschäftigt. Zu dumm. Denn der Kopf sollte beim Sex nun wirklich nicht überbeansprucht werden.

HALLO PAULA, WAS TUE ICH, WENN IN MEINER BEZIEHUNG SEXFLAUTE HERRSCHT? INZWISCHEN HABEN WIR MAXIMAL NOCH EINMAL IM MONAT SEX. MIR IST DAS ZU WENIG. UND NORMAL IST DAS AUCH NICHT, ODER?

Zunächst einmal: Es gibt keine DIN-Norm für Langzeitbeziehungen, die regelt, wie häufig es zum Geschlechtsakt kommen muss. Eine Studie hat herausgefunden, dass Paare nicht wesentlich glücklicher werden, wenn sie häufiger als einmal in der Woche Sex haben, aber das ist eine Frage des Geschmacks. Manche möchten am liebsten jeden Tag Sex, anderen reicht es, wenn sie es einmal im Monat tun.

Ein sehr häufiges Thema bei „Paula kommt" ist die Frage, wie man Sex in Langzeitbeziehungen knusprig erhält. Wenn nach sechs Monaten eifriger Vögelei die Hormone sich wieder auf Normalniveau begeben, dann beginnt ja der Spaß erst richtig. Der Alltag übernimmt, bestimmte Routinen schleifen sich ein, und zack, sitzt man da und hat seit drei Wochen keinen Sex mehr gehabt. Ein Fehler, den man in Langzeitbeziehungen nicht machen darf, ist zu sagen: „Das ist eben so, wenn man lange zusammen ist." Das stimmt zwar, aber es ist deshalb so vertrackt, weil Paare anfangen, sich Zeit für allen möglichen Blödsinn zu nehmen, nur nicht mehr für sich selbst. Und es ist wirklich kein Wunder, dass zwei Leute, die bräsig nebeneinander auf der Couch sitzen, davon träumen, wie es früher einmal war. Für meine Sendung bewerben sich viele Paare, die unter Sexlosigkeit leiden und hoffen, dass ich ihnen ein Zauberspielzeug verkaufe oder einen magischen Trank verabreiche, mit dem alles wieder so wird wie früher. Kein noch so starkes Zaubermittel kann die gute, alte Kommunikation ersetzen. Die muss immer der erste Schritt sein. Standardfehler, die zu Sexlosigkeit führen, sind:

Vergessen, miteinander zu reden.

Wirklich, Serien gucken kann man auch mit Kumpels. Interessiert euch füreinander! Fragt, was der andere braucht, um glücklich zu sein, was ihm fehlt, und sage, was du brauchst. Eine Übung ist, sich an einem festen Tag in der Woche hinzusetzen und jeweils 15 Minuten zu sagen, was einem so durch den Kopf geht.

Nicht genug knutschen.

Gerade in Langzeitbeziehungen wird das einfachste Stilmittel der Sexiness häufig missachtet. Nur weil man 15 Jahre zusammen ist, heißt das nicht, dass man nicht mehr knutschen soll. Küssen wiederum führt häufig zu Geschlechtsverkehr!

Ein nachlässiger Liebhaber werden.

Ja, dieses Geschlechtsteil kennst du jetzt wirklich von vorn bis hinten. Das ist aber noch lang kein Grund, sich nicht dafür zu begeistern! Denk an all den Spaß, den es dir bereitet hat! Warum jetzt damit aufhören?

Denken, das Gras ist auf der anderen Seite grüner.

Ja, der Rausch des Neuen ist fantastisch. Aber auch der verfliegt. Warum eine stabile Partnerschaft demolieren, nur weil die Hormone nicht mehr schäumen wie am Anfang? Das wird mit jedem anderen ebenso passieren. Guck stattdessen, was gut ist in der Partnerschaft, und sorg dafür, dass ihr das Schlechte wegarbeitet. Ich schätze, dass 70 Prozent aller Trennungen wegen Sexlosigkeit vollkommener Blödsinn sind. Faulheit, sich auseinanderzusetzen, ist keine Tugend.

Jede Beziehung durchläuft Phasen, in denen einer der Partner weniger Lust hat als der andere. Häufig sind dafür aber ganz andere Faktoren der Grund, Stress zum Beispiel oder Unzufriedenheit im Job. Und ja, die Lustlosigkeit in der Beziehung betrifft häufiger die Frau, während Männer meist gleichbleibend lustvoll bleiben.

Es gibt Frauen, die unbewusst gegen das Patriarchat kämpfen, in dem sie aufgewachsen sind. In der Paartherapie ist das ein häufiges Phänomen, welches unterbewusst die Kontrolle übernimmt und sich häufig zu Formen auswächst, die dazu führen, den Partner in seiner Gesamtheit abzulehnen und nicht nur den Sex mit ihm. Wenn du ahnst, dass du davon betroffen sein könntest, wäre es nicht verkehrt, einen Paartherapieplatz zu besorgen. Wäre doch schade um den ganzen schönen Sex und um die Beziehung.

Wenn du einfach nur aus dem Tritt gekommen bist, weil der Alltag oder die Kinder das Ruder übernommen haben, dann hilft dir vielleicht die lambertsche Sexdiät. Falls du meine Fernsehsendung „So kommt Deutschland" gesehen hast, dann wird dir diese Diät ein Begriff sein. Im Grunde ist sie wie eine Art Überbrückungskabel für eine leer gelaufene Bums-Batterie, bei der alte Kontakte wiederhergestellt und mit neuem Leben gefüllt werden. Alles, was du dafür brauchst, sind zwei Leute, die keinen oder zu wenig Sex haben, obwohl sie eigentlich wollen.

Das Ganze funktioniert nach dem Prinzip des Verbots. Die menschliche Psyche ist in diesem Bereich ja recht einfach gestrickt – verbiete ihr etwas, und du kannst sicher sein, dass sie ab sofort nichts anderes mehr will. Angelegt ist meine Sexdiät auf sechs Wochen, wenn du es aber eilig hast oder glaubst, es nicht so lang auszuhalten, darfst du auf vier Wochen verkürzen.

Erste Woche.

In dieser Woche nehme ich euch alles weg, was ihr früher einmal hattet. Kein Fummeln, kein Streicheln, keine Penetration. Auch keine Pornos, keine erotische Literatur, gar nichts. Stell dir vor, du bist wieder elf oder zwölf und alles, was du tun darfst, ist ein bisschen Händchen halten. Ihr dürft euch auch im Arm halten, aber ohne die Geschlechtsteile zu berühren, das ist streng verboten. Küssen ist ebenfalls untersagt. Wenn es geht, tut es jeden Tag mindestens 15 Minuten lang. Aber bitte nicht beim Fernsehen. Konzentriert euch ganz auf euch.

Zweite Woche.

Leider herrscht immer noch Fastenzeit. Immerhin bist du inzwischen schon 14 Jahre alt und darfst knutschen, was das Zeug hält. Dummerweise dürft ihr euch aber sonst nicht berühren, also kein Händchenhalten. Kein In-den-Arm-Nehmen, nichts dergleichen. Knutschen dürft ihr allerdings wie die Weltmeister. Sollten dabei eure Geschlechtsteile Alarm funken – Pech. Angefasst wird nicht. Auch diese Übung bitte täglich wiederholen, mindestens zehn Minuten lang. Ach so: Selbstbefriedigung ist nicht erlaubt.

Dritte Woche.

Ab heute tritt zum ersten Mal Entspannung ein. Stell dir vor, du liegst mit jemandem irgendwo im Heu, es kann aber jeden Moment der Bauer reinkommen. Es darf also geküsst und umarmt werden, sich intim zu berühren, auch durch die Kleidung, ist dennoch absolut tabu. Du willst ja nicht mit der Mistgabel davongejagt werden. Also bitte ausgiebig küssen und im Arm halten, wie immer zehn bis 15 Minuten lang, gern länger.

Vierte Woche.

Das Schlimmste ist vorüber. Denn nun dürft ihr knutschen, umarmen und streicheln, allerdings nur über den Klamotten. Unauffällig die Hand unter das Shirt schieben ist ebenso verboten wie die Hose aufknöpfen. Ich merke es, wenn ihr es trotzdem tut! Meinetwegen könnt ihr auch das tun, was die Amerikaner *dry humping* nennen, also sich durch die Klamotten stimulieren, aber eines dürft ihr auf gar keinen Fall tun: euch zum Höhepunkt bringen! Bitte mindestens 20 Minuten täglich.

Fünfte Woche.

Uh, endlich *naked time*! Ab heute dürft ihr beide nackt sein und euch an den Geschlechtsteilen berühren. Ideal ist es, wenn sich jeder von euch 15 Minuten um den anderen kümmert. Zwei Fallstricke gibt es noch: Ihr dürft euch nicht mit Geschlechtsteilen penetrieren, und ihr dürft euch auf gar keinen Fall zum Höhepunkt bringen!

Sechste Woche.

Nun dürfen endlich alle Schranken fallen. Gut wäre, wenn du mit der Penetration noch drei, vier Tage wartest und dich erst einmal darauf konzentrierst, wie ihr euch gegenseitig zum Orgasmus bringen könnt. Anschließend steht dem Komplettpaket nichts mehr im Weg.

Wenn ihr als Paar unsicher miteinander seid oder noch Ängste zwischen euch liegen, kehrt zu Woche vier zurück und arbeitet euch langsam wieder vor. Solltet ihr der Meinung sein, dass sechs Wochen einfach zu lang sind, dann lasst Woche drei und fünf aus. Ich empfehle euch aber, das ganze Programm zu machen.

Wichtig ist, dass du mit deinem Partner zusammen herausfindest, was die Faktoren sind, die euch letzlich voneinander weggetrieben haben.

Da hätte ich noch was! Guter Sex, schlechter Sex

Ich schätze, dass ich ungefähr dreimal pro Woche per Facebook oder Instagram die immer wiederkehrende Frage gestellt bekomme: „Was ist eigentlich guter Sex?" Da die Frage so häufig auftaucht, scheint es darüber ein elementares Unverständnis zu geben. Dabei wäre die Antwort so naheliegend. Guter Sex ist das, was du draus machst. Oder, um mit den Worten meines Freundes Juan zu sprechen: „Der beste Sex ist der, bei dem du das Gefühl hast, dass der andere in diesem Moment nichts anderes lieber tun würde, als mit dir zu schlafen." Guter Sex ist also keine Frage der Technik, obwohl viele Ratgeber den Eindruck erwecken, dass man mit der richtigen Blowjob-Technik ohne Weiteres zur Herrscherin der Welt aufsteigen kann (was vielleicht sogar bedingt stimmt, wenn man zum Beispiel ins Weiße Haus will). Wichtiger als Technik ist dennoch die Frage der inneren Einstellung.

Den meisten weiblichen Gästen meiner Sendung war es unheimlich wichtig, „gut im Bett" zu sein. Sie wollten begehrt werden und erinnerungswürdige Leistungen vollbringen, die ihnen mindestens einen Eintrag im privaten Buch der Rekorde einbringen würden – „Bester Doggy, den ich je hatte!" Oder so ähnlich. Im Gegensatz dazu waren die männlichen Gäste in der Mehrzahl davon überzeugt, völlig ausreichende Fähigkeiten mitzubringen, zumindest aber auf einem Niveau, auf dem Selbstzweifel unangebracht waren.

Was die Orgasmuswahrscheinlichkeit anging, waren die Frauen dementsprechend übel dran – durch Penetration kamen sie selten zum Höhepunkt, meist legten sie sogar selbst Hand an. Ist ja auch logisch, denn wer nur danach strebt, dem anderen zu gefallen, hat wenig Energie, die eigenen Bedürfnisse durchzusetzen. Die bundesweite Statistik stützt diese Theorie leider. Nur ein Drittel aller Frauen kommt per Penetration zum Höhepunkt, und das, obwohl gleichzeitig Kommen von vielen als Sahnehäubchen der Kopulationskunst angesehen wird.

Als ich anfing, Sex zu haben, und sogar noch bis in die Zwanziger hinein, war Sex für mich eine heikle Angelegenheit. Denn obwohl Sex mir ohne Zweifel Vergnügen bereitete und ich auch keine Gelegenheit ausließ, mir selbst zu beweisen, dass es wirklich so war, hatte ich dabei ständig Angst. Angst, nicht geliebt zu werden, Angst, zu wenig originell zu sein, nicht richtig genug. Sorge, irgendetwas falsch zu machen. Mein sexuelles Frühleben war sehr reaktiv. Ich bewegte mich wie das Spiegelbild des anderen, machte mit, was er vorgab, und verschwendete unheimlich viel Zeit damit, mich passend für Menschen zu machen, die mich nicht im Geringsten wertschätzten. Gleichzeitig gab ich nach außen vor, stark und selbstbestimmt zu sein, was meinem Ego einen ziemlichen Tritt versetzte, weil ich mich ständig selbst belügen musste.

Damals war Sex für mich nur ein Machtspiel, und da ich die Person mit Brüsten, Po und Vagina war, musste ich einem bestimmten Bild entsprechen. Dachte ich. Das Ganze fiel mir erst auf, als ich einmal Shere Hite interviewen durfte, eine Frau, die ihr Leben dem Kampf um Augenhöhe gewidmet hat. Sie war eine der ersten Frauen, die sich öffentlich über die weibliche Sexualität geäußert hat und deren größtes Bestreben es war, mit tradierten Geschlechterrollen aufzuräumen. Wir trafen uns im Teezimmer eines großen Londoner Hotels, wo sie auf sehr eigentümliche Weise ein Club-Sandwich verspeiste, indem sie die einzelnen Zutaten auf dem Teller sortierte und erst dann aß. Bis auf das Weißbrot natürlich. Eines Tages werde ich die letzte Person auf Erden sein, die noch Weißbrot isst, vermute ich. Jedenfalls hatte sie gerade ein Buch herausgebracht, das sich mit der Benachteiligung von Frauen auf dem Arbeitsmarkt beschäftigte. „Es geht natürlich nicht nur um Geld", sagte sie. „Es geht vor allem um Sex. Unsere Sexualität wird immer noch gegen uns eingesetzt. Und das Schlimmste ist, dass wir Frauen dabei wissentlich mitmachen, weil wir denken, so schlimm ist es schon nicht." Im Anschluss an dieses Gespräch habe ich zum ersten Mal in meinem Leben bei einer Ungerechtigkeit die Klappe aufgemacht. Und seitdem, so gut ich es konnte, nicht wieder aufgehört.

Sex und Beziehung, egal ob homo- oder heterosexueller Natur, ist ein Spiel aus Geben und Nehmen, bei dem man die unwahrscheinliche Balance wagen muss, spielerisch zu bleiben, während man die ernsthaften Bedürfnisse beider im Auge behält. Das ist es auch, was Beziehungen so wahnsinnig anstrengend macht. Du musst den ganzen Tag mehr oder minder unbewusst jonglieren, um die Ideallinie zu treffen. Verpasst du sie, gibt es Krach.

Sex kann einfacher sein. Zumindest bis man sich das Zweitgefährlichste einfängt, was man sich bei Sex einfangen kann – Gefühle. Aber nehmen wir mal an, du hast es geschafft, Sex zu haben, einfach nur, weil du Sex haben willst. Bei einem One-Night-Stand zum Beispiel. Bei vielen Frauen sind One-Night-Stands immer noch verpönt (weil man so was nicht macht, höre ich oft. So was!), was ich nicht ganz verstehe. One-Night-Stands sind eine ideale Gelegenheit, die eigene Sexualität zu erforschen, und zwar ohne Rücksicht auf alles, was danach kommt. Wichtig ist für einen One-Night-Stand nur, dass man einen ungefähren Überblick darüber hat, was man eigentlich möchte.

Den Checkpoint „Dem Mann gefallen" würde ich zum Beispiel schon mal von der Liste streichen, was nicht bedeutet, dass es nicht wunderschön sein soll. Zu viele Frauen versuchen, sich fünf von fünf Sternen zu ervögeln, nach dem Motto „Hauptsache, er hat Spaß". Wir sind hier aber nicht bei Yelp. Wichtig ist, dass ihr beide das maximale Vergnügen aus der Sache rausholt. Und ja, das beinhaltet auch einen weiblichen Orgasmus.

Um den richtigen Partner für ein solches Unterfangen zu finden, braucht man ein feines Näschen. Das meine ich nicht nur sinnbildlich. Eine junge Dame, die bei mir im Coaching zu Gast war, hat mir verraten, wie sie den passenden Mann für einen One-Night-Stand findet. Ihre Methode wirkt vielleicht ein bisschen befremdlich, aber sie macht total Sinn. Wenn ihr ein Mann gefällt, geht sie zu ihm hin und riecht ausgiebig an seinem Hals. Wenn sie mag, was sie riecht, fragt sie ihn, ob er Lust auf Sex hat. Wenn nicht, dann eben nicht. Auch wenn die Methode Gefahren birgt, wie zum Beispiel einfach ein bisschen irre zu wirken, so hat sie doch Hand und Fuß. Wissenschaftlich ist längst erwiesen, dass Menschen über die Nase feststellen können, ob sie zueinander passen oder nicht, indem sie den Chemiecocktail des anderen abchecken. Zwar dauert das Ganze nur den Bruchteil einer Sekunde. Aber bis diese Information im Bewusstsein angekommen ist, vergeht eine Weile. Wer auf der Suche nach einem Abenteuer ist, sollte sich deshalb nicht in erste Linie auf seine Augen verlassen, sondern auf seinen Geruchssinn.

Wer sich daran hält, wird erstaunlichere Erlebnisse haben als jene, die sich an ihren üblichen Checklisten festklammern. Ob derjenige die ideale Größe, das richtige Gewicht oder den passenden Kleidungsstil hat, ist nämlich in diesem Fall völlig egal. Es geht nur darum, richtig guten Sex zu haben. Und zwar solchen, der dich im Leben weiterbringt.

Wenn man sich einem Menschen sexuell hingibt, offenbart man sich, zumindest wenn man das Törchen zur Seele ein bisschen aufstößt. In solchen Momenten, auch bei One-Night-Stands, fühlen sich viele Menschen entsetzlich verletzlich und ungeschützt. Ich möchte hier einen Tipp loswerden, mit dem ich seit Jahren gut fahre:

Du hast nichts zu verlieren.

Wirklich. So einfach ist es. Wenn du an ein Arschloch gerätst, so wird dieser Mensch so oder so über dich urteilen oder versuchen, dich fertigzumachen, egal ob du dich verstellst oder nicht. Also spar dir die Energie, die du verschwendest, um irgendeinen gefälligen Trottel darzustellen, und sei einfach du mit all deiner Krummheit und Unsicherheit, mit deiner Größe und deiner Schönheit.

Du wirst im Leben nicht so viele Menschen treffen, die dich aufrichtig lieben. Andersherum magst du ja auch nicht jeden, den du kennenlernst. Das ist völlig normal und auch okay so. Es wird Menschen geben, die dich absolut entsetzlich finden, und dann gibt es solche, die dich für das größte Geschenk halten, darum bleib bei Letzteren und mach dir über die anderen keine großen Gedanken. Wenn ich all die Menschen meiden würde, die mich für einen Blödian halten, dürfte ich gar nicht mehr aus dem Haus gehen.

IMMER WIEDER ERWISCHE ICH MEINEN MANN DABEI, WIE ER PORNOS SCHAUT. ICH BIN EIFERSÜCHTIG, OBWOHL ES JA EIGENTLICH NICHTS MIT UNS ZU TUN HAT. ODER?

Du sagst es. Eigentlich hat es nichts mit euch zu tun, es sei denn, er hat eine richtige Pornosucht entwickelt. In dem Fall stimmt etwas in seinem Leben nicht, und er hat das Bedürfnis, das Loch, das er fühlt, zu füllen. Im übertragenen Sinn.

Seien wir ehrlich. Die meisten Männer schauen Pornos (und auch recht viele Frauen), und meistens steckt dahinter lediglich das Bedürfnis nach kurzfristiger Unterhaltung oder Stressabbau. Ich persönlich finde Pornos echt langweilig, vor allem, weil ich weiß, dass Pornogucken mich zu einem Sklaven meiner Hirnströme macht, also mehr noch als sowieso schon. Eine Studie hat festgestellt, dass heterosexuelle Männer vorwiegend auf heterosexuelle und Frau-Frau-Action reagieren, während das weibliche Hirn auf alles anspringt, sogar auf vögelnde Tiere. Zu wissen, dass mich das Betrachten kopulierender Körper unsteuerbar in ein geiles, geiferndes Monster verwandelt, hat mir irgendwie den Spaß verdorben.

Einmal bat ich einen Bekannten um sein Handy, weil ich etwas googeln wollte. Kaum gab ich in der Suchleiste den ersten Buchstaben ein, ein H, zeigte sich mir der gesamte Verlauf seiner Suchmaschine. „Hot girls licking pussy", „Hot chicks fucking", „Hot and wet pussies" und so weiter. Natürlich tat ich so, als wäre es mir nicht aufgefallen (genau wie er), aber das Wissen, dass sich dieser im Alltag moralisch aufgeblasene Typ ständig mit minderwertiger Pornografie einen runterholte, hatte mich doch in meiner Meinung über ihn nachhaltig beeinflusst. Und zwar so sehr, dass wir ihn intern nur noch „den Wichser" nannten, was zunächst ganz freundlich gemeint war. Bis er sein wahres Gesicht zeigte (er betrog seine Frau während der Schwangerschaft und log alle auf das Allerübelste an), sodass wir ihn bis heute beherzt „den Wichser" nennen, aber auf die beleidigende Art.

Grundsätzlich hat gelegentlicher Pornokonsum aber tatsächlich selten etwas mit der Beziehung zu tun. Es ist eine Stimulation, die die Endorphinausschüttung anregt, sich also einfach gut anfühlt. Es ist Wellness im Bürostuhl, gewissermaßen. Pornokonsum birgt aber auch Gefahren, nämlich dann, wenn der Konsum an Bedeutung das reale Erleben zu überschatten beginnt und wichtiger wird als alles andere. Schwierig finde ich es auch, wenn Männer zwischen Pornofilm-Performance und echtem Sex nicht mehr unterscheiden können. Sollte dein Mann also ständig verlangen, dass du in unnatürlichen Posen durch die Wohnung kriechst, es normal finden, dir ins Gesicht zu ejakulieren, und nicht mehr auf deine Bedürfnisse eingehen, dann wird es Zeit, ein ernstes Wort zu sprechen.

Plaudereien vom Set:

DAS WALDMONSTER

Einer der Momente, in denen ich etwas kurzsichtig dachte: „Zum Glück sieht mich keiner", war der, als wir für „Unter fremden Decken" in Plymouth zum Thema Dogging recherchierten. Dogging ist, wenn man auf meist abgelegenen Parkplätzen Menschen beim Sex hauptsächlich im oder am Auto zusieht. In der Szene gibt es verschiedene Kommunikationskürzel, damit es nicht zu Missverständnissen kommt. Licht an oder Lichthupe bedeutet „Komm näher", Fenster runter heißt „Du darfst auch anfassen", Tür auf bedeutet „Steig mit ein". Zumindest ist das in Plymouth so. Plymouth ist ein Städtchen an der Südküste Englands, und außer Fischen gibt es nicht viel zu sehen – weshalb die Dogging-Szene dort eine der größten ist.

Dass die Engländer lustiger sind als die Deutschen, ist kein Gerücht. Einmal saß ich mit Freunden aus London beisammen, und der eine erzählte von einem Freund, der während des Fahrradfahrens pinkeln konnte, ohne sich zu benässen, und zwar indem er den Schwanz seitwärts an der Hüfte vorbeiführte. Unter Frauen war sein Ruf nicht gut, die Größe seines Gemächts war so, dass er schnell als „unmanageable" verrufen war. Ich kann das verstehen. In britische Frauen passt zwar mehr Bier als in deutsche, aber nur die gleiche Menge Penis.

Von selbigen Männern kannte ich auch schon die zum Dogging passenden Fachbegriffe.

Gulling zum Beispiel stammt von dem Wort „seagull", Möwe also, und bezieht sich auf Farbe und Form von Möwenkacke, die immer dort herunterfällt, wo viele Möwen sind. Gulling ist also das, was dem Auto beim Dogging passiert, wenn viele Männer mit Erektion drum herumstehen. Anders gesagt: Als wäre das Auto der Hauptteilnehmer bei einem Bukkake-Wettbewerb.

Ich hoffte inständig, dass wir nicht in eine Gulling-Situation geraten würden. Spidermaning wiederum bezeichnet den Vorgang, das Sperma nicht auf klassische Art abzuladen, sondern eben wie Spiderman mit einer raschen Drehung des Handgelenks abzufeuern. Nicht erwähnt haben meine Bekannten, wie man sich fühlt, an einem stürmischen, gewitterreichen Abend durch einen abgelegenen Wald zu fahren und insgeheim zu hoffen, dass man weder von dem einen noch von dem anderen Zeuge wird. Es war stockdunkel, und nur im Schein der Blitze konnte man die Umrisse der Bäume erkennen. Wenn man wie ich zu viele Horrorfilme gesehen hat, ist das kein idealer Ort, um nach nackten, kamerawilligen Männern zu suchen.

Die üblichen Plätze waren leer. Kein Wunder bei dem Wetter. Wir fuhren die Wege auf und ab. Gegen 21 Uhr streifte unser

Scheinwerfer ein Paar, das tief ineinandersteckte und uns Lichtzeichen gab. Leider waren wir zu feige – einem vögelnden Paar mitten in die Partie filmen wollten wir dann doch nicht. Irgendwann, nahe der Hoffnungslosigkeit, kamen wir auf die Idee, dass unser Ortskundiger und ich nach vorn in den Van klettern sollten, um als Lockvögel Dogging-Interessierte anzuziehen. Es dauerte auch nicht lang, bis ein kleines Coupé langsam auf uns zurollte. Der Producer hinten im Fond rief: „Raus, raus, bevor er wieder wegfährt", aber mir war es peinlich. Ich finde es eh schon schwierig, Leute anzusprechen, aber dann noch jemanden, der auf ein bisschen Sexaction hofft, eine Kamera ins Gesicht zu halten, war mir unangenehm.

Ich sprang also aus dem Auto, beugte mich sexy durch das Seitenfenster (so wie Julia Roberts es in „Pretty Woman" macht) zu einem Mann, dessen Gesicht mich an den Schauspieler Mickey Rooney erinnerte. Er war ungefähr 60 Jahre alt. Da ich keine Zeit verlieren wollte, spulte ich schnell mein Programm ab. „Hallo, mein Name ist Paula, ich komme aus Deutschland, und wir drehen hier einen TV-Beitrag zum Thema Dogging. Ich wollte fragen, ob Sie Lust hätten, vielleicht ein paar Worte mit mir vor der Kamera zu wechseln?" Der Mann guckte verwirrt und auch ein wenig betroffen zu mir, dann zu meinem Van und dann wieder zu mir und sagte nichts. Erst da fiel mir auf, was er anhatte.

Nichts.

Nichts bis auf eine schwarze Lederjacke. In der Hand hielt er seinen Penis. Offenbar hatte er es eilig gehabt. In solchen Momenten bleiben einem nur Sekundenbruchteile, um über das weitere Vorgehen zu entscheiden. Wenn ich jetzt den Kopf ruckartig aus dem Fenster ziehen würde, musste er denken, dass ich mich vor ihm ekelte (was ich tat). Ich wollte ihn aber auf keinen Fall beschämen, also blieb ich locker ins Seitenfenster gelehnt, während er mit zunehmender Verwirrung seinen Penis streichelte, weil es das war, was er eben auf einsamen Waldparkplätzen tat. Und ich tat, was ich immer tat, nämlich in lockerem Plauderton – als sei es das Natürlichste der Welt, nachts *im Wald halbnackten Senioren aufzulauern –, zu versuchen, ihn doch noch zum Reden zu bringen. Nach unendlichen Sekunden schüttelte er traurig den Kopf und sagte: „I don't like the cameras, dear." Ich konnte es ihm nicht mal verdenken.*

EHRLICH GESAGT, KOMME ICH AM EINFACHSTEN, WENN ICH VON SEX TRÄUME. SO LANGSAM MACHE ICH MIR SORGEN, DENN NEULICH HABE ICH MICH MIT DONALD TRUMP VERGNÜGT. WERDE ICH VERRÜCKT?

Ich freue mich zu hören, dass du politisch interessiert bist. Vielleicht hast du versucht, die Welt zu retten, und daran ist nun wirklich nichts Verrücktes! Viele Menschen erleben Höhepunkte im Traum, und ich gratuliere jedem Einzelnen, denn wie kann man seinen Schlaf schöner nutzen? Als mir das zum ersten Mal passierte, war ich auch verdutzt. Das könnte aber auch am Inhalt meines Traums gelegen haben.

Vor ein paar Jahren las ich die Nachricht, dass Stefan Zauner die Münchener Freiheit verlässt. Man könnte behaupten, dass es ganz egal ist, wenn ein alter Mann eine inzwischen gänzlich unbedeutende Band verlässt, aber da muss ich widersprechen. Stefan Zauner ist der Mann, der mir meinen ersten erotischen Traum geschenkt hat. Es muss so ungefähr 1985 gewesen sein. Zu der Zeit hatte ich eine Art Fetisch für zu alte, relativ unattraktive Männer in zu engen Lederhosen entwickelt. Fish, Udo Lindenberg, Stefan Zauner – eigentlich zu jedem, der unnatürlich dürre Beine hatte. Bevor ich zu Bett ging, hörte ich „Ohne dich (schlaf ich heut Nacht nicht ein)" wieder und wieder auf meinem Vollplastik-Plattenspieler und dachte daran, dass es mir tatsächlich sehr schwer fallen würde, ohne Stefan Zauner einzuschlafen. Mir gefiel die Fluffigkeit seines Haars, das mich an den Bobtail des Nachbarn erinnerte. Ich mochte die Art, wie seine knochigen Knie aus dem glänzenden Leder hervorstachen – in der Prä-Adoleszenz hat man von erotischer Ausstrahlung noch keine Ahnung.

In jener Nacht lud mich Stefan Zauner auf seine Jacht ein. Er servierte mir eine Limo, was so ziemlich das exotischste Getränk war, dass ich mir vorstellen konnte. Mehr noch: Er reichte mir sogar einen Strohhalm dazu. Erst heute wird mir die Frivolität dieses Aktes bewusst, dieser gänzlich schamlosen Tat, einem elfjährigen Mädchen ein derart phallisches Objekt zu überreichen. Anschließend umarmte er mich, und ich erinnere mich, wie mich dabei ein ganz komisches Gefühl überkam, mir durch die Gliedmaßen fuhr und mich zum Zucken brachte. Tatsächlich wurde ich von den Zuckungen, die meinen Körper schüttelten, geweckt. Als ich erwachte, sah ich, dass ich die Bettdecke fest zwischen die Beine geklemmt hatte. Damals schämte ich mich, weil ich so etwas Schmutziges geträumt hatte. Heute schäme ich mich eher dafür, dass Stefan Zauner für meinen ersten Orgasmus verantwortlich war. Aber bitte, das ist der Preis, den man fürs Erwachsenwerden zahlt.

Ein ständig wiederkehrender Traum ist dieser: Da ist ein langer Flur. Die Lichter sind gedimmt, hinten rechts flackert eine Glühbirne. Die Luft sieht aus, als würde sie muffig und feucht riechen, aber meine Nase ist vollkommen taub. Ich gehe also weiter, trotz des liebevollen „The Walking Dead"-Ambientes, denn am Ende des Ganges ist eine Tür, aus der schönes, gelbes Licht flutet. Als ich sie aufstoße, steht dort ein streng aussehender Mann mittleren Alters. „Ah, Fräulein Lambert, auch schon wach, ja?", sagt er mit strenger Stimme. Erst als ich mich umsehe, bemerke ich die ganzen Schultische und die Tafel, an der steht „Infinitesimal-rechnung II". Panik überfällt mich. Das hier ist eine Matheklausur, und ich bin wie immer vollkommen unvorbereitet. Schlimmer noch: Ich habe nicht mal ansatzweise eine Ahnung, wie ich anfangen soll. Das bemerkt wohl auch der Typ, der inzwischen aussieht wie irgendein Hollywoodstar und noch deutlicher wie Herr Müller, unser alter Schulhausmeister. Ich trage nur einen Bademantel. Er öffnet ihn mit einem Schwung, zieht mein Höschen herunter und steckt seinen Penis in mich. Ich erwache mit einem Orgasmus.

„Das ist ja total krank", sagte meine Freundin Mimi zu mir, als ich ihr das erste Mal davon erzählte. „Herr Müller war der hässlichste Mann der Welt. Du bist pervers!" „Du übersiehst das Offensichtliche", sagte ich. „Ich habe mein Mathetrauma immer noch nicht überwunden. Mit wem ich Sex habe, ist doch völlig egal. Am Ende muss ich immer eine Matheklausur bestreiten." Ich habe eine Studie der University von Montreal über sexuelle Träume gelesen. Offenbar handeln acht Prozent aller Träume von Dingen, für die man besser sein Höschen fallen lässt. Auf einer amerikanischen Traumdeutungsseite heißt es: Sex mit einem Unbekannten bedeutet, dass man ein unerkanntes Talent in sich erwecken soll. Sex mit dem Chef heißt, dass man dabei ist, die eigenen Führungsqualitäten zu entdecken. Sex mit dem Kumpel: Lust auf irgendeine Fähigkeit, die derjenige hat. Sex mit dem Ex: Offenbar ist man dabei, einige hässliche alte Muster zu wiederholen. Sex mit einem Star: Es gibt Talente, die man gemeinsam hat. Tatsächlich, heißt es dort, seien Sexträume eine Art Weckruf, um sich mit sich selbst zu beschäftigen und sich besser kennenzulernen. Über Sex mit dem Hausmeister stand allerdings nichts da.

Du siehst also, du bist nicht die Einzige. Traumdeutung ist eine ungenaue Wissenschaft. Ich würde sagen: Besser ein Orgasmus im Schlaf als gar keiner.

LIEBE PAULA, ICH WEISS, DASS MÄNNER SEHR OFT ONANIEREN. ABER MIR FALLEN EINFACH NIE ORIGINELLE SACHEN EIN!

Mann, Mann, Mann. Wie oft ich mir das schon anhören musste. Ja, es stimmt, für Männer ist Selbstbefriedigung selbstverständlicher. Aber das sollte kein Argument dafür sein, dass Frauen es sich nicht schönmachen sollten. Wer sich selbst stimuliert, lernt seinen Körper und sich besser kennen. Ist so. Und die Sache mit der Fantasie? Du kannst hinreisen, wohin du möchtest, und Sex haben, mit wem du willst. Der österreichische Schriftsteller Karl Kraus hat einmal in etwa gesagt: „Sex ist niemals so schön, wie man ihn sich beim Onanieren vorstellt." Nein, hat er nicht. Tatsächlich lautete der Satz, den Kraus einmal sagte, so: „Ein Weib ist manchmal ein ganz brauchbares Surrogat für die Selbstbefriedigung. Freilich gehört ein Übermaß an Fantasie dazu." Kraus war Satiriker, aber auch ein typischer Mann des frühen 20. Jahrhunderts. Wenige Jahre zuvor hatten Wissenschaftler überhaupt erst entdeckt, dass auch Frauen einen Höhepunkt erleben können. Ich weiß nicht, ob du das weißt, aber um 1880 war es in gehobenen Kreisen durchaus üblich, zum Doktor zu gehen, um sich per Hand die Vulva massieren zu lassen. Das daraus resultierende Kreischen und Zucken wurde gemeinhin als Ausdruck einer sich lösenden weibischen Hysterie angesehen, und da die Damen den Doktoren hinterher immer so schön gelöst vorkamen, waren sich die Ärzte rasch einig. Der ewigen hysterischen Verspanntheit der Weiber ist beizukommen – und zwar mit der Hand. Als einer dieser Ärzte, ein gewisser Joseph Mortimer Granville, wegen der dauernden Behandlungen unter einem schmerzhaften Tennisarm zu leiden begann, erfand er eine mechanische Arbeitserleichterung: den Vibrator.

Man weiß zu wenig über das Sexleben von Karl Kraus, um entscheiden zu können, ob er selbst so frauenverachtend dachte oder ob er sich nur über das Sexualverhalten seiner Zeitgenossen lustig machte. Der Satz hat jedoch auch 80 Jahre später noch etwas aufreizend Verstörendes. Sexfantasien und Onanie sind zwei Themen, über die man im Zweifelsfall nicht einmal mit der besten Freundin spricht. Ich kann dir absolut empfehlen, dir ein Arsenal an herrlichen Geschichten auszudenken, die du dann mit der Hand im Schoß weiterspinnen kannst. Dann ist dir garantiert nicht langweilig!

Wenn ein Mensch mit sich alleine ist, um sich zum Orgasmus zu bringen, betritt er gleichzeitig eine andere Welt, in die ihm niemand folgen kann. Masturbation ist schließlich hauptsächlich eine Arbeit des Kopfes. Währenddessen ist der Mensch mit sich und seinen Gedanken alleine, er dehnt sich nach innen aus, und wo niemand ist, kann keiner diese Ausdehnung stören. Das bedeutet: keine Rücksicht nehmen, seufzen dürfen und schreien und von Dingen träumen, die man sich sonst nie trauen würde auszusprechen. Welche Geschichte denke ich mir diesmal aus? Welcher Mensch wird mich heute verführen – oder werden es gleich mehrere sein? Vielleicht ist es deshalb auch so schwierig, Sexfantasien in die Realität zu übersetzen – die Realität ist ein wesentlich sachlicherer Ort. Karl Kraus wusste das offenbar.

Dass Sex in unserer Vorstellung schöner ist als in der Realität, stimmt so natürlich auch nicht. Was beim Solo-Sex fehlt, ist die Innigkeit, die Möglichkeit, mit einem anderen Menschen zu verschmelzen. Wirkliche schwitzende, bebende Leidenschaft bekommt man mit sich selbst nicht hin. Wahr bleibt jedoch der Kern von Kraus' Aussage. Sex mit sich selbst zu haben kann einen bisweilen an Ufer führen, auf die man in der Realität keinen Fuß setzen würde. Oder sich nicht zu trauen wagte. Somit verleiht man der Fantasie Flügel, die ohne Erfindungsreichtum verkümmern würden. Nicht vergessen darf man auch, dass Sexfantasien und Masturbation gegenüber dem Real Deal einen ganz entscheidenden Vorteil haben: Alles ist möglich. Während man in der Realität mit überaus durchschnittlichen Problemen zu kämpfen hat (er bekommt keinen hoch, sie kann einfach nicht kommen, egal, was er anstellt, er kommt zu früh, um nur ein paar Beispiele zu nennen), hat die fantasievolle Onanie eine Erfolgsrate von nahezu 100 Prozent. Erwiesen ist, dass Frauen, die häufiger onanieren, bei der Penetration viel leichter zum Orgasmus kommen als solche, die sich nie mit sich selbst beschäftigen. Masturbation ist also ein wichtiger Bestandteil eines gesunden Sexuallebens.

Vielleicht liegt es daran, dass viele Frauen generell keine gute Beziehung zur Masturbation haben. Früher wurde weiblichen Kindern beigebracht, sich „nicht da unten anzufassen", und wenn man oft genug zu hören kriegt, dass ein schönes Gefühl ekelhaft ist, lässt man es lieber. Viele dieser Frauen haben noch im Erwachsenenalter mit Orgasmusschwierigkeiten zu kämpfen, schlimmer noch, sie halten den Orgasmus für etwas, das ganz schön, aber wirklich nicht unbedingt nötig ist und schon gar kein weibliches Grundrecht – Hauptsache, der Mann ist befriedigt. Und selbst wenn sich die Zeiten zugunsten des weiblichen Orgasmus geändert haben, ist eine Grundschüchternheit auch bei den jungen Frauen immer noch da und dazu die Frage: Habe ich ein Recht darauf, meinen Orgasmus einzufordern?

Sexuelle Fantasien und Masturbation sind wesentliche Schritte zur Autonomie. Sie lassen sich im Internetzeitalter per Mausklick abrufen. Es gibt Top-Ten-Listen der beliebtesten Vorstellungen, es gibt Manga-Zeichnungen, Hotlines und Webcams – Sexideen von der Stange. Umso wichtiger ist die Rückbesinnung auf das eigene Seelenspiel und die Frage: Was will ich wirklich? Und wer soll es mir besorgen? Justin Bieber oder vielleicht doch eher Jude Law? Das ist, zum Glück, eine Frage des ganz persönlichen Geschmacks.

Da hätte ich noch was! Sextipps aus anderen Ländern

„Ich finde, dass die Tipps und Ratschläge weniger wichtig werden, je älter man wird. Die Dinge haben sich eben schon eingeschliffen, ich kann das schwer beschreiben. Vielleicht so, dass man es sich im Leben schon gemütlich gemacht hat. Man fühlt sich im eigenen Körper zu Hause und nicht mehr so seltsam und fremd wie in der Pubertät. Natürlich habe ich meinen wichtigsten Tipp bekommen, als ich noch nicht erwachsen war. Gott, das kommt mir vor, als wäre es 100 Jahre her! Ich muss 17 gewesen sein, vielleicht auch 16, als ich mit meinem guten Freund Tom in seinem Zimmer in eines dieser schmuddeligen Pornoheftchen geguckt habe. Internet gab es damals noch nicht, wir mussten uns alles mühsam zusammentragen. Ich war sehr aufgeregt, denn Tom kannte sich schon richtig aus. Wir lagen auf dem Teppichboden, und er erklärte mir anhand der Fotos, wo ich die Klitoris einer Frau finde. Ganz genau: Du musst da das Ding zur Seite schieben und dann mit dem Finger hoch, und dann muss es da irgendwie sein. Und während er das sagte, guckte er mich ganz ernst an. Das Verrückte war, dass ich noch nicht einmal von der Existenz einer Klitoris gehört habe. Das war ein bisschen so wie Astrophysik. Du ahnst, dass es da draußen etwas geben muss, aber du hast keine Vorstellung, wie groß und unbegreiflich das alles ist. Wir hatten zwar beide keine Ahnung, wofür eine Klitoris gut war oder was man damit machte, wenn man sie einmal gefunden hatte, aber wir waren uns beide im Klaren darüber, dass es unheimlich wichtig war, zu wissen, dass es sie gab. So ein Glück."
David, 41, England

„Bei Ratschlägen sollte man sich immer auf Freunde verlassen. Die kennen einen am besten, auch wenn man schüchtern ist oder sich nicht traut, Dinge auszuprobieren, weil sie einem abwegig vorkommen. Bei mir war es so, dass mir ein guter Freund mitten während eines Restaurantbesuchs geraten hat, ich solle mal SM ausprobieren oder Rollenspiele. Das war lange vor ‚Fifty Shades of Grey‘, versteht sich. Zumindest ein paar Jahre, ich bin ja noch jung. Zunächst hatte ich Bedenken, aber dann war ich sehr schnell begeistert. Beim Sex habe ich gern die Kontrolle, das ist einfach so. Ich bin klein, vielleicht ist das der Grund? Jedenfalls bin ich sehr gern der Boss im Bett. Am Anfang war ich natürlich sehr schüchtern und hatte Angst. Ich hatte zwar viel SM in Pornos gesehen, aber das selbst zu machen ist etwas vollkommen andres, vor allem so ohne Erfahrung. Erst nach und nach habe ich gelernt, wie man ein ‚Master‘ wird. Ich habe festgestellt, dass es eine Menge Menschen gibt, die im Berufsleben leitende und verantwortungsvolle Positionen haben und es total genießen, sich im Bett hinzugeben, na ja, ehrlich gesagt: Sklaven zu werden. Und ich finde es ganz toll, genau diese Leute dann zu kontrollieren. Mein bester Ratschlag war also von der Message her ganz simpel: Probiert einfach mal aus!“ Chen, 26, China

„Also, ich habe keinen einzelnen Tipp bekommen, sondern eher ein paar, die sich zu einem großen geformt haben. Sex ist ja auch eine verflixt komplizierte Sache, da ist es gut, auf alles vorbereitet zu sein. Einen der ersten Tipps für die Körperbeherrschung habe ich in der Schule bekommen, von einem Freund, der ein bisschen älter war. Er sagte: ‚Wenn du merkst, dass du die Ziellinie deutlich vor ihr überqueren wirst, wenn du so weitermachst, solltest du möglichst unauffällig zum Vorspiel zurückkehren und an die Szene aus dem ‚König der Löwen‘ denken, wo diese Antilopenherde losgaloppiert und Scar den König Mufasa tötet. Das sollte dir ein paar Extraminuten bringen.‘ Na ja, ich glaube, wir Männer haben alle ähnliche Techniken dafür. Ein anderer Freund hat mir gesagt: ‚Wenn du zu betrunken bist oder sonstwie unfähig, zum Orgasmus zu kommen, dann sollte ein Mann es immer faken. So fühlt sich keiner blöd, vom Mann mal abgesehen, ha! Als Mann muss man dann nämlich mitten in der Nacht aufstehen und die Nummer alleine zu Ende bringen.' Jetzt, wo ich so darüber nachdenke, fällt mir noch ein Tipp ein. Wir saßen damals in der Küche bei meinem Freund in Glasgow, und er schnitt gerade Gemüse. Das Messer in seiner Hand muss ihn darauf gebracht haben, denn plötzlich drehte er sich zu mir um und sagte: ,Doug, merk dir eines. Egal wie heiß die Situation ist oder wie erregt ihr beide seid – geht niemals miteinander ins Bett, wenn du gerade Chilis geschnitten hast. Rohes Chili auf die Intimzonen einer Frau zu reiben wird sich nachteilig auf deinen Ruf als Liebhaber auswirken. Glaub mir!' Offenbar hatte er einmal Chilischoten geschnitten und war dann auf die Idee gekommen, bei seiner Freundin Hand anzulegen. Sagen wir mal so, es wurde eine heiße Nacht für sie. Mich jedenfalls hat das nachhaltig beeindruckt. Nie wird man mich mit einer Chili in der Hand erwischen." Douglas, 31, Schottland

„Als ich mit meiner Freundin auf dem Weg war in einen Club, hatten wir plötzlich in ihrem schon etwas in die Jahre gekommenen Auto, also wirklich Modell Asbach Uralt, eine Panne mitten auf der Autobahn im tiefsten Winter. Zwei Stunden mussten wir auf den ÖMTC warten. Da es bitterkalt war, kamen wir auf die Idee, uns mit Sexgeschichten aufzuheizen. Ich sagte zu meiner Freundin, dass ich zu Hause immer die Angst hatte, dass meine Eltern reinstürzen könnten, und somit noch nie einen richtigen Orgasmus hatte. Meine Freundin gab mir den Tipp, es außerhalb der Wohnung zu versuchen. Ich dachte mir, warum nicht, klingt plausibel, doch wo? Es war ja Winter, und ich wollte es sofort testen. Ich beschloss, mir einen Kinofilm auszusuchen, der nicht wirklich noch viele Besucher hatte, um meinen Freund dort zu verführen. Es war fantastisch ... So habe ich meine Leidenschaft für Sex an ungewöhnlichen Orten entdeckt und den Reiz, erwischt zu werden. Mein Tipp: Versucht es mal, es wird euch umhauen." Anni, 26, Österreich

„Unser Sexleben hat sich in den letzten Jahren total verändert. Noch vor ein paar Jahren musste man, wenn man Sex wollte, heiraten. Heute wäre zu heiraten wirklich das Allerletzte, wenn man Sex haben wollte! Sex hat sich irgendwie zu einer Handlung verwandelt, die man locker auch mit einem Fremden tun könnte. Das ist alles nur Action, Action, Action! Ist das noch gesund? Ich weiß nicht. Eines Nachmittags saß ich in der Wohnung einer meiner besten Freundinnen hier in Tel Aviv. Wir tranken Tee und redeten nur so vor uns hin. Sie hatte sich inzwischen stark der Religion und Spiritualität zugewandt, da gab es immer viel zu besprechen. Jedenfalls war ihr Rat auch ziemlich spirituell. Sie sagte: ‚Lass den Körper nicht deine Seele kontrollieren. Überprüfe erst, ob die Seele will, dann erst bringe den Körper ein. Damit wirst du dich wohler fühlen.‘ Und sie hat so recht! Inzwischen kommt mir der Gedanke, mich mit einem vollkommen Fremden herumzuwälzen, fast dämlich vor. Ich danke ihr jeden Tag für diesen Tipp, denn das Schönste ist es doch wirklich, wenn Menschen sich mit der Seele berühren." Golda, 26, Israel

„Meinen Rat hat mir das Leben selbst beigebracht. Na, wenn ich ehrlich bin, weiß ich Bescheid, seit ich mit meinem Cousin auf einer Wiese in der Nähe von Cagliari saß. Es war heiß, die Insekten summten, und er guckte mich mit dem Wohlwollen eines Kerls an, der genau zehn Monate älter war als ich. Er sah mich also an und sagte dann: ‚Ich sage dir jetzt etwas, das du nie vergessen solltest. Wenn man Sex hat, sollte man dem Partner immer in die

Augen schauen. Die Menschen lieben es, mit den Augen penetriert zu werden. Es beflügelt ihre Seele.' Danach schwiegen wir eine Weile. Aber was soll ich sagen? Es stimmt!" Marcello, 43, Italien

„*Meine Frau hat mir den schlauen Rat gegeben: ‚Benutz immer Kondome.' Das muss ich vielleicht erklären. Wir standen gerade auf den Bergen Hollywoods, unter uns Los Angeles mit all seinen Lichtern. Da entschieden wir uns gemeinsam, dass es okay für uns wäre, wenn wir noch mit anderen Leuten ins Bett gehen würden. Manchmal ist das so, dass man zwar zufrieden ist, aber noch ein wenig Hunger nach etwas anderem verspürt. Tja, bei uns war das so. Sie dreht sich also zu mir um, das Licht der Nacht fällt auf ihr schönes Gesicht, und sie sagt: ‚Benutz immer Kondome, das ist mein Rat an dich.' Klingt nicht unbedingt nach einem tollen Tipp, ist es aber. Bei der Kondombenutzung geht es ja auch um Selbstachtung. Es wäre ziemlich dämlich, mir oder einer anderen Person das Leben zu versauen wegen einer unbedachten Handlung. Ich bin auch gerade auf dem Weg nach ganz oben. Das wird ein super Jahr! Momentan arbeite ich an einem Album, bei dem mich George Pajon, der Gitarrist der Black Eyed Peas, unterstützt. Mein zweiter Rat, ich weiß nicht, woher ich den habe, lautet übrigens: Sorge immer dafür, dass die Frau kommt. Eine schlecht gelaunte Frau ist gefährlich!"*
Diego, 30, Peru

„*Wenn Männer es müde sind, keinen Erfolg bei Frauen zu haben, kommen sie zu mir. Ich habe mein Leben den Schüchternen gewidmet, denn auch sie wollen Frauen kennenlernen und Sex haben. Früher war ich selbst schüchtern, mit 19 war ich immer noch Jungfrau! Und das in Paris! Hier gehören Flirten und Verführen zum ganz normalen Sprachgebrauch. Die Wahrheit ist natürlich, dass* man aus Büchern nichts über Menschen lernt, dazu muss man schon ins Leben treten. Man könnte also sagen, dass mein bester Tipp ich selbst bin. Ich unterrichte meine Kunden immer in der realen Welt, also nicht in einem Raum, sondern in Clubs, Cafés, Restaurants. Die sollen sich ruhig mal eine blutige Nase holen. Aus Fehlern lernt man nämlich, und ganz bestimmt nicht, indem man im Fernsehen irgendwelche Shows ansieht. Also, was für die Frauen vielleicht ganz interessant zu wissen ist, sind die Ratschläge, die ich den Männern gebe. Zum Beispiel sollte ein Mann, anstatt die Frau fest an sich zu drücken, sie bloß so nah halten, dass ihre Nippel sanft an seine Brust stoßen. Nicht zu haben ist immer aufregender, als zu haben! Und wenn man sehr leidenschaftlich küsst, dann sollte man in ihre Haare greifen und ihren Kopf sanft, aber bestimmt von sich wegziehen. Das wird ihre Leidenschaft in Ekstase verwandeln. Stimmt's?" Nico, 31, Frankreich

„Früher, so mit 22, hatte ich mehr mit Indiana Jones gemeinsam, als mir lieb war. Ich glaube, ich war so etwas wie die Jägerin des verlorenen Orgasmus. Wenn es um den Orgasmus ging, war ich gnadenlos – wehe, einer hängte mich ab. Im Grunde fast männlich, darum kam es zwischen mir und den Jungs zu regelrechten Ich-komme-zuerst-Kämpfen. Dann, eines schönen Tages, geriet ich an einen deutlich älteren Mann. Wir lagen auf seinem Bett, und ich zog wieder meine übliche Nummer ab – ich oben, damit nichts schiefgehen würde für mich –, da hielt er mich plötzlich an den Händen fest, sah mir fest in die Augen und zog mich zu sich herunter. ‚Langsam', sagte er, ‚wir laufen hier kein Wettrennen.' In dem Moment wurde mir zum ersten Mal klar, dass guter Sex Zeit braucht. Und dass eine Erektion, wenn sie mal kurz weg ist, überraschend schnell wiederkommt. Und wieder. Und wieder."
Solveig, 38, Deutschland

MANCHMAL FÜHLE ICH MICH SO GESCHEITERT, PAULA. ICH BIN ALLEINERZIEHEND UND HABE ZWEI KLEINE KINDER. WIE SOLL ICH DENN JETZT NOCH AN SEX KOMMEN, GESCHWEIGE LIEBE? MICH WILL DOCH KEINER MEHR!

Meine Liebe, nicht verzagen! Als ich geheiratet habe, war es auch für immer. Für immer dauerte sieben Jahre, dann war es vorbei, und ich dachte genau das Gleiche: „Jetzt stehe ich da mit zwei Kindern und werde nie wieder einen Mann finden. Wer will schon eine Frau mit zwei Kindern?" Früher dachte ich allerdings auch Dinge wie: „Wie soll ich jemals verstehen, wie Kurvendiskussion funktioniert?" Oder: „Warum werfe ich die Hefe nicht einfach in kochende Milch?" Mehr Hitze, schnelleres Aufgehen, ist doch logisch. Ich bin also durchaus Anhängerin der Versuch-und-Irrtum-Theorie. Bei der Kinderfrage aber befiel mich eine seltsame Lähmung. Zwei Kinder, ein unzuverlässiger Babysitter – ich würde am Rande der sozialen Isolation vor mich hindämmern, während der Mann, an den ich all meine schlanken Jahre verschwendet hatte, sorglos in Saus, Braus und mit massenweise gutem Sex leben würde.

Aus meiner frühen Jugend hatte ich den Glauben herübergerettet, dass Männer beim Thema Kinder heikel seien. Die Frage „Wollen wir nicht bald Kinder bekommen?" gilt als Klassiker unter den Sprüchen, mit denen man Kerle am schnellsten wieder loswird. Natürlich, Bindungsphobie, Angst vor Verantwortung, wie oft beklagten sich meine Freundinnen, dass ihre Partner auf keinen Fall Kinder wollten. Sie sagten zu mir: „Wenigstens hast du Kinder!" Und ich gab zurück: „Das schon, aber keinen Mann."

Tatsächlich hatte ich es auf dem Single-Markt viel leichter als meine kinderlosen Freundinnen. Vielleicht auch, weil meine biologische Uhr nicht mehr tickte. Meine Freundin Katja fragte spätestens beim zweiten Date: „Und, willst du eigentlich Kinder haben?" Als ich anfing, wieder auszugehen, merkte ich ziemlich schnell, dass mein Bekenntnis, zwei Kinder zu haben, auf die Männer eher erleichternd als einschüchternd wirkte. Wahrscheinlich dachten sie: „Endlich mal eine Frau, die mir keine Löcher in die Kondome piekst", so wie es meinem Freund Tobi passiert ist. Vielleicht haben viele Männer auch den Wunsch, ein Kind zu bevätern, ohne die volle Verantwortung übernehmen zu müssen. Eine Frau Ende dreißig, die noch keine Kinder hat, wohl aber den Wunsch nach einer Familie, läuft Gefahr, an jede neue Bindung mit einer Checkliste heranzugehen. Das reduziert den Mann auf seinen günstigen Genpool und sein Versorgerpotenzial, und ich stelle mir vor, dass das kein sehr angenehmes Gefühl ist.

Ich war in meinen Entscheidungen freier. Single-Mütter müssen nicht verzweifelt sein oder verbittert. Es gibt viele davon, das gebe ich zu. Weil das Leben allein mit Kindern hart und einsam sein kann. Weil man es zu selten schafft, den eigenen Bedürfnissen Platz einzuräumen. Das ist aber wichtig, auch um den Kindern vorzuleben, wie man das Leben vernünftig angeht. Eine Frau, die ihr ganzes Sein den Kindern unterordnet, ist kein gutes Vorbild. Einer Arbeit nachzugehen ist also nicht nur in finanzieller Hinsicht wichtig. Kinder verstehen viel mehr, als die Erwachsenen ihnen zutrauen, und sie merken, ob eine Mutter glücklich ist oder nur so tut. Einmal in der Woche sollte darum jede Single-Mutter abends ausgehen und tanzen oder singen oder irgendetwas tun, was sie zum Lachen und Atmen bringt. Wäre ich Familienministerin, würde ich ein Gesetz erlassen, in dem so etwas wie eine Ausgangsregelung für Alleinerziehende festgelegt ist. Während die Single-Eltern sich amüsieren, müssen die anderen mit Partner auf die Kinder aufpassen.

Leider fühlen sich die meisten Mütter als das, was im amerikanischen *unfuckable* genannt wird: nicht wert, besprungen zu werden, unsexy, verwelkt. Ladys! Wir haben Leben geschenkt, was um alles in der Welt könnte attraktiver sein? Die paar Schwangerschaftsstreifen? Geschenkt! Ich habe noch keinen Mann getroffen, der sich daran gestört hätte, und wenn er es doch tut: Wie praktisch, dann muss man nicht mal über ihn nachdenken. Zudem eignen sich Kinder wunderbar, um jämmerliche Dates abzukürzen. „Tut mir leid, der Babysitter muss heute früher gehen" – und das ist noch nicht mal gelogen, weil er ja wirklich früher gehen muss, wenn man schon nach zwei Stunden wieder zu Hause ist.

Ich will nicht zu pragmatisch klingen, wenn ich sage: Beutekinder anzunehmen, also bereits existierende Kinder, ist für Männer häufig viel einfacher, als sich dazu durchzuringen, eigene in die Welt zu setzen. Es ist eine Entscheidung, die ihnen schon abgenommen wurde und darum viel leichter zu tragen ist. Eine Mutter sucht außerdem keinen neuen Partner, weil sie nicht allein sein kann (tatsächlich sehnen sich fast alle partnerlosen Mütter, die ich kenne, nach nichts anderem, als mal allein zu sein), sondern weil sie ihr Leben mit einem besonderen Menschen teilen möchte, der noch dazu Lust hat, einem Kind ein wunderbares Vorbild zu sein.

Und dann wäre da noch die große Zahl partnerloser Väter. Das sind Männer, die keinen Schock kriegen, wenn ihnen jemand nach dem Frühstück auf den Schoß kotzt, die wissen, wie es sich anfühlt, nachts mit nackten Füßen auf Legosteine zu treten. So eine Allianz ist eine absolute Win-win-Situation, eine Bonusfamilie, wie man auf Island sagt, mehr Liebe und Kinder für alle. Bleibt noch das schlechte Gewissen. Wäre es schöner für die Kinder, wenn die leiblichen Eltern zusammengeblieben wären? Schöner vielleicht, ja. Echter auf keinen Fall. Man sollte nicht nur ehrlich zu sich, sondern auch zu den Kindern sein. Leben bedeutet nicht, Ereignisse abzuarbeiten („Und hier waren wir auf Mallorca. Und da waren wir auf Lanzarote. Und Weihnachten war auch schön."). Leben bedeutet, ein eigenes Universum zu erschaffen. Wenn einem das mit dem einen Partner verwehrt bleibt, hat man das unbedingte Recht, sogar die Pflicht, sich etwas Echteres zu suchen. Davon profitieren, bei allem Schmerz, langfristig auch die Kinder.

Natürlich ist die Frage nach der Zukunft kniffelig. Wer ist es wert, den Kindern vorgestellt zu werden? Was, wenn derjenige dann doch nicht die große Liebe ist? Ich habe keine Antwort darauf. Aber ich glaube, man kann den Kindern ein bisschen Leben zumuten. Bis es so weit ist, muss man sowieso ein bisschen testen. Bindungsloser Sex ist ja auch für Alleinerziehende schön.

IRGENDWIE HABE ICH DAS GEFÜHL, KEINEN MANN MEHR ZU FINDEN. EGAL, WEN ICH KENNENLERNE, ER IST NICHT DER RICHTIGE. BIN ICH ETWA ZU ALT GEWORDEN?

Erinnerst du dich an deine erste Liebe? Mit 13, 14 Jahren wollte ich nicht mehr, als ein bisschen Händchen halten und zuhören, wie unsere Herzen vor Aufregung bis zum Hals schlugen.

Damals war Verlieben das Leichteste der Welt, weil es der schönste Zeitvertreib war, den man sich vorstellen konnte. Das lag vielleicht daran, dass wir gar nichts Besseres zu tun hatten. Später, so mit Ende zwanzig, dreißig ist es kniffliger. Da gibt es den Job, der eine Menge Zeit in Anspruch nimmt, die Freunde, die unterhalten werden wollen. Sich als Erwachsener zu verlieben ist eine ganz andere Nummer. Wer sich verliebt, gibt die Kontrolle auf und wird verletzlich. Verlieben bedeutet, mit einem sehr, sehr schnellen Rennrad ohne Helm einen Berg herunterzurasen und nicht zu wissen, ob die Bremsen funktionieren.

Wer sich verliebt, für den gilt: Ich bin bereit, etwas zu geben, und es ist mir erst mal egal, ob ich etwas zurückbekomme. Als Kind ist das leicht, aber als Erwachsener macht man schnell eine Kosten-Nutzen-Rechnung auf. Passt der in mein Profil? Mache ich mich lächerlich, wenn ich dem hinterherlaufe? Wer sich verliebt, der verabschiedet sich von der ausgebufften Wertschöpfungslogik unserer Zeit. Wird er mir eine gute Referenz geben, mich liken, vögeln, followen? Die Liebe hat nämlich einen ganz schönen Befehlston drauf. Sie sagt: Du wirfst dich da jetzt voll rein. Und das ist nicht weniger als eine Revolution. Man macht sich nackig, lässt die Hosen runter, man bekommt, wenn es mies läuft, eins auf die Fresse. Und zwar direkt auf dem Spielfeld und nicht nur im Zuschauerraum. Darin liegt natürlich eine absolute Stärke. Ich bin bereit, für dich Pasta mit Lachssoße zu kochen, und hoffe einfach mal, dass du das genauso genießen kannst wie ich. Nicht, dass eine Abfuhr so viel daran ändert. Liebe entfacht im Gehirn ein wahres Feuerwerk. Denn ob die Chemie stimmt, entscheidet nicht das Herz, sondern das Hirn. Und das ist mit über 100 Millionen Nervenzellen unser größtes Sexualorgan.

Aber warum benimmt sich dieses Organ mit fortschreitendem Alter ein bisschen träger als noch zehn, 20 Jahre zuvor, wo uns nur der Eisverkäufer anlächeln musste, und schon waren wir hin und weg?

Studien aus Großbritannien zeigen, dass etwa 50 Prozent aller neuen Singles, also solche, die aus Langzeitbeziehungen oder Scheidungen kommen, nach fünf Jahren immer noch auf die große Liebe warten. Die Gründe sind verschieden, liegen aber hauptsächlich in der Angst vor der Dating-Szene, dem Glauben, einfach nicht genug rauszukommen, und familiären Verpflichtungen, die einfach zu viel Zeit in Anspruch nehmen. Aber keine Sorge. Andere Studien zeigen, dass die Suche nach einem Partner ungefähr so aufwendig ist wie die Suche nach dem richtigen Job. 15 bis 25 Verabredungen pro Jahr sollten es schon sein, sagen Wissenschaftler – zumindest auf der Suche nach einem Langzeitpartner.

Das klingt erst mal wahnsinnig anstrengend, zumal die meisten Singles schon nach dem vierten oder fünften Date aufgeben. Aber das Coole daran ist, dass man auf Dates eine Menge Spaß haben kann, selbst auf den total missglückten. Gib nicht auf. Niemals!

Da hätte ich noch was! Doppelleben

Als ich ein Teenager war, dachte ich, dass erwachsene Menschen Affären haben, die kurz dauern und dann wieder vergehen. Doch dann erfuhr ich von meinem Schulfreund, dass sein Vater noch eine andere Familie hatte, was herausgekommen war, weil die eine Frau der anderen einen Brief geschrieben hatte. Seitdem habe ich mich gefragt, was für Menschen so etwas tun und was ihr Gewinn dabei ist. Ob sie ein schlechtes Gewissen plagt.

Durch einen Zufall habe ich einen Mann kennengelernt, der genau das lebt: Er hat zwei Existenzen und keine weiß von der anderen. Lass ihn uns Richard nennen.

Manche Männer haben so eine liebevolle Ausstrahlung, dass man mit ihnen sofort ein Haus bauen möchte, um ein ganzes Rudel kleiner, wilder Kinder darin aufzuziehen. Richard ist genau so ein Mann. Er ist groß und schlank, 38 Jahre alt, hat dunkelbraune Augen, volles Haar und einen dieser Bärte, die die Männer in Großstädten jetzt tragen – irgendwo zwischen Zwerg und furchtlosem Abenteurer. Er ist zuverlässig und loyal, sagen die,

die ihn kennen. Aber auch die wissen nicht die ganze Wahrheit. „Ich würde das anders nennen", sagt er. „Doppelleben klingt so negativ. Im Grunde sind so doch alle glücklich." Glück ist natürlich relativ. Kann man glücklich sein, wenn man die Wahrheit nicht kennt? „Ja", glaubt Richard. „Nein", würden wahrscheinlich die meisten Frauen sagen. Seit fast drei Jahren führt Richard, wie er es nennt, „ein Leben jenseits der Norm". Praktisch heißt das, dass er eine Frau und ein Kind in einem Teil der Stadt hat – und eine Freundin in einem anderen. Und keine weiß von der anderen. Ein Lügner also. „Ich bin kein Schwein", sagt Richard, „es ist eben einfach passiert. Als ich mich in Marie verliebt habe, war ich schon vier Jahre mit Karen zusammen. Und es war immer klar, dass Karen die Frau ist, mit der ich mein Leben verbringen möchte. Zwischen uns gibt es eine tiefe Verbindung, die etwas ganz Grundsätzliches, Natürliches ist. Mit Marie verbindet mich eine intellektuelle Leidenschaft, die ich mit Karen eben nicht habe. Was natürlich ist, weil ein Mensch nicht alle Bedürfnisse abdecken kann." Also kein Sex? „Doch, natürlich. Ziemlich guten sogar. Vielleicht, weil in dieser Konstellation immer eine grundsätzliche Spannung herrscht." Klar, denkt man, wenn man zwei Leute betrügt und ständig in der Furcht leben muss, entdeckt zu werden, würde man da nicht nur eine grundsätzliche Spannung spüren, sondern hätte eher ein Gefühl, als würde man mit der Hand an einem dieser Jurassic-Park-Starkstrom-Zäune entlangspazieren. Lüge fühlt sich nie gut an. Lüge hat ein hässliches Gesicht. Nicht wahr?

Wenn man sich Richard ansieht, bekommt man so seine Zweifel. Hier in dem Café in Berlins Stadtmitte, räumlich genau zwischen seinen zwei Leben also, sieht er harmlos aus, lieb eben. Es ist eher eine Unsicherheit, die ihn erfasst, wenn er von seinen Frauen spricht. Weil er vielleicht weiß, dass nicht mal er der Gewinner ist, sollte diese Nummer irgendwann mal auffliegen. Er vielleicht am allerwenigsten. „Ich versuche das mal zu erklären", sagt er. „Die Sache ist die, dass ich beide liebe. Ich will Marie nah sein und Karen auch. Ich kann mir ein Leben ohne die beiden nicht vorstellen. Und klar, das widerspricht allen Konventionen, vor allem, weil ich nicht ehrlich bin. Aber ich habe es versucht. Ich habe Karen gegenüber Andeutungen gemacht. Wir haben darüber gesprochen, dass es möglich ist, einen zweiten Menschen zu wollen. Dass es vielleicht auch den Druck nimmt, alles für jemanden sein zu müssen. Aber dann hat Karen klipp und klar gesagt, dass das für sie niemals infrage kommt. Und dann haben wir vor zwei Jahren Kim bekommen. Ich liebe dieses Kind so sehr! Damit wurde mein Lebensplan mit Karen noch fester als zuvor. Das ist mein Zuhause." Er macht eine Pause. „Nur das Leben mit Marie eben auch." Marie weiß, dass es ein weiteres Leben gibt, aber sie stellt nicht allzu viele Fragen. „Das Konzept genügt ihr so und auch die Zeit, die ich für sie habe."

Das „Konzept" beinhaltet ein festes Regelwerk, an das sich vor allem Richard akribisch genau hält. Offiziell ist Richard ein Handyhasser. Das ist praktisch, weil dann keine der Frauen überrascht ist, wenn nur die Mailbox drangeht. Ist er zu Hause bei seiner Familie, ist das Privattelefon aus, und nur das geschäftliche Handy klingelt. Auf die Weise, sagt er, gebe es keine unangenehmen Überraschungen, keine SMS, die auf dem Display aufleuchten, kein Postfach, das heimlich gecheckt werden kann. In Restaurants geht er auch ungern, am liebsten kocht er in der jeweiligen Wohnung. „Ich kann nicht riskieren, in irgendwelche Bekannten reinzulaufen. Zum Glück sind sowohl Karen als auch Marie eher so veranlagt, dass sie gern daheim bleiben. Anders wäre das nicht zu machen."

Die Wochenenden gehören meistens der Familie. „Weil ich doch Zeit mit meinem kleinen Mädchen verbringen will." Es gebe Zeiten, da fiele es ihm schwer, wieder zu fahren. „Da denke ich mir, Mann, du Idiot, was machst du da bloß? Aber dann denke ich an die schönen Gespräche mit Marie und bekomme diese unheimliche Sehnsucht." Schwierig sind auch die Phasen, in denen

Urlaub ansteht. So viele Tage frei im Jahr kann Richard sich nicht leisten. „Es ist klar, dass die großen Reisen Karen und Kim gehören. Mit Marie mache ich dann eher Städtereisen von Donnerstag bis Sonntag. Und natürlich gibt es darüber Streit. Für Marie bedeutet das alles eben Entweder-oder. Entweder sie nimmt mich stückchenweise oder gar nicht. Gerecht ist das nicht." Und angenehm auch nicht. Er muss, schätzt er, 40-mal am Tag richtig knackig lügen – von „Ich bin noch auf einem Termin" über „Du, hier in Konstanz ist gerade so schlechter Empfang" bis „Nein, ich habe noch nichts gegessen", obwohl er kurz davor bei Marie ein Abendessen hatte.

Richard kann sich als selbstständiger Unternehmensberater seine Zeit gut einteilen. Wenn er Karen sagt, dass er auf Geschäftsreise geht, muss das nicht bedeuten, dass er wirklich weit wegfährt. Manchmal reist er auch nur ans andere Ende der Stadt, für zwei, drei Tage. Dort haben er und seine Freundin eine gemeinsame Wohnung, die Marie bezahlt – Richard gibt ihr die Hälfte in bar dazu. Dürften seine Frauen auch einen weiteren Partner haben? „Tja, schwierige Frage. Also, lieber nicht, wenn ich ehrlich bin." Er lacht unsicher. Weil er weiß, wie blöd das klingt.

Drei Tage hier, zwei Tage dort und dazu immer ein warmes Abendessen – Richard lebt den „Ich will alles"-Zeitgeist, der sich in immer mehr Großstädten breitmacht. Männer wie Richard gibt es inzwischen überall. Allerdings auch Frauen, machen wir uns nichts vor. Die totale Kompromissverweigerung in Sachen Beziehung kann jeden treffen, und viele würden das doppelt gelebte Leben um sich herum in dem Alltagsstress wahrscheinlich nicht mal bemerken. Und tatsächlich hat man in so einer Bindung am Ende von allem etwas. Aber eben auch nichts Richtiges.

Die Frage, was wäre, wenn Marie auch mal Kinder haben möchte, stellt sich zum Glück nicht. „Sie schließt das aus für sich", sagt Richard. „Und ich benutze immer Kondome. Aber wenn der Wunsch eines Tages käme, würde ich gehen. Zwei Familien, das packe ich emotional nicht." Manchmal sei es schon so, dass die Gewissensbisse an ihm nagten, zum Beispiel, wenn komplette Familien an ihm vorübergehen. „Obwohl ich weiß, dass ich ja Kim habe. Es ist eben sehr kompliziert." Denkt er daran, Schluss zu machen mit Marie? „Ja", sagt er, „immer häufiger, je größer Kim wird. Ich will ja gern ehrlich sein." Vor Kurzem gab es einen Riesenstreit. Karen wollte mit Richard und Kim zu ihren Eltern fahren, weil die ein großes Familienfest feierten – ausgerechnet an Maries Geburtstag. Es war klar, dass er zur Familie fährt, und als er Marie das sagte, wählte er die falschen Worte. „Familie ist immer wichtiger, habe ich gesagt. Kann sein, dass an dem Tag etwas zerbrochen ist."

Es sei richtig, gibt Richard zu, dass er mit Entscheidungen immer schon Probleme gehabt habe. „Ich habe mir immer lieber ein paar Türen offen gelassen, anstatt mit Schwung durch eine bestimmte zu gehen. Und trotzdem ..." Den Satz beendet er dann nicht.

Trotzdem ist es schön, von vielen geliebt zu werden. Trotzdem sollte man verstehen, dass Liebe auch etwas mit Gönnen zu tun hat, nämlich dem anderen das bestmögliche Leben zu gönnen. Und zwar egal, ob mit oder ohne einen. Das wäre dann wahre Größe. Zum Glück hat mich Richard nicht nach meiner Meinung gefragt. Ich kann ihn verstehen, aber sein Verhalten nicht nachvollziehen. Ein komisches Gefühl.

Was denkst du darüber?

... ABER NIE ZU FRAGEN
GEWAGT HAST.

Hallöchen! Du bist am Ende dieses Buches angelangt, und ich hoffe, dass ich einige deiner Fragen beantworten konnte. Falls dein Anliegen nicht dabei war, dann muss ich wohl einfach noch ein Buch schreiben!

Du willst noch ein Kapitel? Das kann ich absolut verstehen. Bisher war ja alles so schön smooth und unterhaltsam. Und darum habe ich mir für den Schluss etwas ganz, ganz Besonderes für dich aufgehoben!

Bereit?
Achtung. Gleich kommt's!
Tataa!

Da hätte ich noch was! Geschlechtskrankheiten

Na, so was aber auch! Tja, immer wenn man denkt, man ist dem Teufel noch mal von der Schippe gesprungen, ballert er einem voll vor den Latz. Du hast natürlich großes Glück, dass das hier kein Bilderbuch ist. Hast du im Internet schon mal nach Fotos von Syphilis gesucht? Dann weißt du ungefähr, was ich meine. Syphilis ist ebenso wieder auf dem Vormarsch wie Tripper und all ihre kleinen Freunde. Warum? Weil ein paar Schlauberger von euch denken, dass ihnen schon nichts passieren kann, richtig? Sieht doch alles gepflegt aus!

Falsch!

Du siehst es keinem Menschen an, ob er oder sie HIV-positiv ist, Tripper, Syphilis, Feigwarzen oder Chlamydien hat, voller Pilze steckt oder schlicht ein grindiges Geschlechtsteil hat. Du darfst auch nicht einfach so lecken oder blasen, denn auch da ist das Infektionsrisiko groß!

Die Lösung ist zum Glück ziemlich einfach. Benutzt Kondome. Und wenn ihr zusammenbleiben wollt und anders verhütet, dann lasst euch vorher auf all die fiesen Krankheiten testen, die ein Mensch so haben kann. Ich sage es noch mal zur Sicherheit:

Benutzt Kondome!

So. Und jetzt viel Spaß da draußen.

Alles Liebe, deine Paula

IMPRESSUM

Projektleitung: Regina Denk
Lektorat: Alexandra Bauer (textwerk, München),
Karin Leonhart für textwerk, München
Umschlaggestaltung und Layout: Martina Baldauf, München
Herstellung: Markus Plötz
Satz: Björn Fremgen, Kontraste
Reproduktion: Repro Ludwig, Zell am See
Druck und Bindung: CPI Books GmbH, Ulm

ISBN 978-3-8338-6397-4
1. Auflage 2018

Die GU-Homepage finden Sie unter www.gu.de

www.facebook.com/gu.verlag

GRÄFE
UND
UNZER

Ein Unternehmen der
GANSKE VERLAGSGRUPPE